AF547595

GRöLS
Verlage

„Bücher sind wie Fallschirme. Sie nützen uns nichts, wenn wir sie nicht öffnen."

Gröls Verlag

Redaktionelle Hinweise und Impressum

Das vorliegende Werk wurde zugunsten der Authentizität sehr zurückhaltend bearbeitet. So wurden etwa ursprüngliche Rechtschreibfehler *nicht* systematisch behoben, denn kleine Unvollkommenheiten machen das Buch – wie im Übrigen den Menschen – erst authentisch. Mitunter wurden jedoch zum Beispiel Absätze behutsam neu getrennt, um den Lesefluss zu erleichtern.

Um die Texte zu rekonstruieren, werden antiquarische Bücher von Lesegeräten gescannt und dann durch eine Software lesbar gemacht. Der so entstandene Text wird von Menschen gegengelesen und korrigiert – hierbei treten auch Fehler auf. Wenn Sie ebenfalls antiquarische Texte einreichen möchten, finden Sie weitere Informationen auf www.groels.de

Viel Freude bei der Lektüre wünscht Ihnen das Team des Gröls-Verlags.

Adressen

Verleger: Sophia Gröls, Im Borngrund 26, 61440 Oberursel

Externer Dienstleister für Distribution & Herstellung: BoD, In de Tarpen 42, 22848 Norderstedt

Unsere „Edition | Werke der Weltliteratur“ hat den Anspruch, eine der größten und vollständigsten Sammlungen klassischer Literatur in deutscher Sprache zu sein. Nach und nach versammeln wir hier nicht nur die „üblichen Verdächtigen“ von Goethe bis Schiller, sondern auch Kleinode der vergangenen Jahrhunderte, die – zu Unrecht – drohen, in Vergessenheit zu geraten. Wir kultivieren und kuratieren damit einen der wertvollsten Bereiche der abendländischen Kultur. Kleine Auswahl:

Francis Bacon • Neues Organon • **Balzac** • Glanz und Elend der Kurtisanen • **Joachim H. Campe** • Robinson der Jüngere • **Dante Alighieri** • Die Göttliche Komödie • **Daniel Defoe** • Robinson Crusoe • **Charles Dickens** • Oliver Twist • **Denis Diderot** • Jacques der Fatalist • **Fjodor Dostojewski** • Schuld und Sühne • **Arthur Conan Doyle** • Der Hund von Baskerville • **Marie von Ebner-Eschenbach** • Das Gemeindekind • **Elisabeth von Österreich** • Das Poetische Tagebuch • **Friedrich Engels** • Die Lage der arbeitenden Klasse • **Ludwig Feuerbach** • Das Wesen des Christentums • **Johann G. Fichte** • Reden an die deutsche Nation • **Fitzgerald** • Zärtlich ist die Nacht • **Flaubert** • Madame Bovary • **Gorch Fock** • Seefahrt ist not! • **Theodor Fontane** • Effi Briest • **Robert Musil** • Über die Dummheit • **Edgar Wallace** • Der Frosch mit der Maske • **Jakob Wassermann** • Der Fall Maurizius • **Oscar Wilde** • Das Bildnis des Dorian Grey • **Émile Zola** • Germinal • **Stefan Zweig** • Schachnovelle • **Hugo von Hofmannsthal** • Der Tor und der Tod • **Anton Tschechow** • Ein Heiratsantrag • **Arthur Schnitzler** • Reigen • **Friedrich Schiller** • Kabale und Liebe • **Nicolo Machiavelli** • Der Fürst • **Gotthold E. Lessing** • Nathan der Weise • **Augustinus** • Die Bekenntnisse des heiligen Augustinus • **Marcus Aurelius** • Selbstbetrachtungen • **Charles Baudelaire** • Die Blumen des Bösen • **Harriett Stowe** • Onkel Toms Hütte • **Walter Benjamin** • Deutsche Menschen • **Hugo Bettauer** • Die Stadt ohne Juden • **Lewis Caroll** • *und viele mehr….*

Henrik Ibsen

Die Wildente

Schauspiel in fünf Akten

Inhalt

Personen

Werle, Großkaufmann, Hüttenbesitzer usw.

Gregers, sein Sohn

Der alte Ekdal

Hjalmar Ekdal, des Alten Sohn, Photograph

Gina, Hjalmars Frau

Hedwig, ihre Tochter, 14 Jahr alt

Frau Sörby, Haushälterin bei Werle

Relling, Arzt

Molvig, gewesener Theologe

Gråberg, Buchhalter

Pettersen, Diener bei Werle

Jensen, Lohndiener

Ein beleibter Herr von bleicher Gesichtsfarbe

Ein Herr mit einer Glatze

Ein kurzsichtiger Herr

Sechs andere Herren, Gäste Werles

Mehrere Lohndiener

Der erste Akt spielt in Werles Hause, die vier andern bei Hjalmar Ekdal.

(Sprich: Jalmar, Sörbih, Molwik, Groberg, Häudalswerk, Hoken.)

Erster Akt

In Werles Haus.

Reich und bequem eingerichtetes Arbeitszimmer; Bücherschränke und Polstermöbel; Schreibtisch mit Dokumenten und Protokollen; mitten im Zimmer brennende Lampen mit grünen Schirmen, so daß ein gedämpftes Licht im Zimmer herrscht. Offene Flügeltür mit zurückgeschlagener Portiere an der Hinterwand. Durch diese Tür blickt man in ein großes, elegantes Zimmer, das durch Lampen und Armleuchter hell erleuchtet ist. Vorn rechts im Arbeitszimmer führt eine kleine Tapetentür in die Kontore. Vorn links ein Kamin, worin Kohlen glühen; weiter nach hinten eine Doppeltür, die in den Speisesaal führt.

***Pettersen**, in Livree, und **Jensen**, im Frack machen im Arbeitszimmer Ordnung. In dem größeren Zimmer bewegen sich zwei, drei andere Lohndiener, räumen auf und machen noch mehr Licht. Aus dem Speisesaal tönt das Summen der Unterhaltung und vielstimmiges Lachen; man klopft mit einem Messer ans Glas; Ruhe tritt ein; ein Toast wird gehalten; Bravorufe, darauf wieder das Summen des Gesprächs.*

Pettersen *zündet eine Lampe auf dem Kamin an und setzt den Schirm darüber.* Sie, Jensen, hören Se man bloß mal; nu steht der Alte auf und red't 'nen länglichen Tomast auf Frau Sörby.

Jensen *schiebt einen Lehnstuhl vor.* Ist das vielleicht wahr, was die Leute sagen, daß mit die beiden was los is?

Pettersen. Weiß der Deubel.

Jensen. Er soll ja in frühere Jahre ein doller Bengel gewesen sein.

Pettersen. Das' woll möglich.

Jensen. Das Diner, das gibt er ja woll für seinen Sohn.

Pettersen. Ja. Der Sohn ist seit gestern wieder da.

Jensen. Ich hab' gar nich mal gewußt, daß Herr Werle 'n Sohn hat.

Pettersen. Jawoll, – er hat 'n Sohn. Aber der kommt nie da oben vom Höjdalswerk weg. In die ganzen Jahre, wo ich hier diene, is er nie zu Haus' gewesen.

Ein Lohndiener *in der Tür zum andern Zimmer*. Sie, Pettersen, da is so'n alter Kunde, der –

Pettersen *brummend*. Deubel noch mal, wer will denn *jetzt* hier 'rein?

> *Der* ***alte Ekdal*** *wird im Zimmer rechts sichtbar. Er trägt einen fadenscheinigen Radmantel mit hohem Kragen; wollene Fausthandschuhe; in der Hand hält er einen Stock und eine Pelzmütze; unter dem Arm ein Paket in Packpapier. Rotbraune, schmutzige Perücke und einen kleinen grauen Schnurrbart.*

Pettersen *geht ihm entgegen*. Herrjeh! – Was wollen *Sie* denn hier?

Ekdal *in der Tür*. Muß dringend aufs Kontor, Pettersen.

Pettersen. Das Kontor ist schon 'ne Stunde zu, un –

Ekdal. Hab's schon unten gehört, Freundchen! Aber Gråberg ist noch drin. Seien Sie nett, Pettersen, und lassen Sie mich durch *die* Tür da 'rein. *Zeigt auf die Tapetentür.* Bin schon mal den Weg gegangen.

Pettersen. Na, meinswegen! *Öffnet ihm die Tür.* Aber passen Sie ja auf, daß Sie auch den richtigen Weg wieder 'runter kommen. Wir haben Gäste.

Ekdal. Weiß schon – hm! Danke, Pettersenchen! Alter guter Freund. Danke schön. *Brummt leise:* Schafskopf! *Ab ins Kontor, Pettersen schließt die Tür hinter ihm.*

Jensen. Gehört *der* auch mit zu die Kontorleute?

Pettersen. Nee, das is man bloß so einer, der aus 'm Hause schreibt, wenn sie 'ne Aushilfe brauchen. Aber das war früher mal 'n verdammt feinen Kerl, der alte Ekdal.

Jensen. Ja, er sah auch aus nach so was.

Pettersen. Na ja! Der is doch auch Leutnant gewesen!

Jensen. Deubel auch, – Leutnant!

Pettersen. Jawoll ja. Dann schmiß er sich auf 'n Holzhandel oder was Ähnliches. Sie sagen, er hat Werle mal düchtig 'reingelegt. Die beiden hatten nämlich damals das Höjdalswerk zusammen, verstehn Sie. O, den alten Ekdal, den kenn' ich 'n bischen fein. Wir trinken so manchen Bittern und manche Buddel Bayrisch zusammen – bei Madam Eriksen.

Jensen. Na, bei dem is es mit 'm Spendieren doch woll man bloß nur so so?

Pettersen. Herrjeh, Jensen, – Sie können sich doch woll denken, daß *ich* der Spendierer bin. Ich mein' doch, man soll schangtil mit Leute sein, denen 's mal besser gegangen is.

Jensen. Hat er denn Bankrott gemacht?

Pettersen. Nee, es war woll noch viel schlimmer. Er hat Festung gekriegt.

Jensen. Festung!

Pettersen. Kann auch Zuchthaus gewesen sein – *horcht*. – Pst, Sie stehen von Tisch auf.

*Ein paar Diener öffnen die Tür des Speisesaals von innen. **Frau Sörby**, im Gespräch mit einigen **Herren**, tritt auf. Ihr folgt auf dem Fuße die ganze Tischgesellschaft. Darunter **Werle**. Zuletzt kommen **Hjalmar** und **Gregers**.*

Frau Sörby *im Vorübergehen zum Diener*. Pettersen, lassen Sie bitte den Kaffee im Musiksaal servieren.

Pettersen. Sehr wohl, Frau Sörby.

Sie und die zwei Herren treten in das große Zimmer und von dort aus rechts ab. Pettersen und Jensen ab auf demselben Wege.

Ein beleibter *zu einem Glatzkopf*. Puh, – dies Diner! – das war ein derbes Stück Arbeit!

Der Glatzkopf. Ach, mit einem bißchen gutem Willen kann man in drei Stunden unglaublich viel leisten.

Der Beleibte. Ja, aber nachher, nachher, mein lieber Kammerherr!

Ein dritter Herr. Ich höre, der Mokka und der Maraschino werden im Musiksaal gereicht.

Der Beleibte. Bravo! Dann spielt uns Frau Sörby vielleicht etwas vor.

Der Glatzkopf *mit gedämpfter Stimme.* Wenn Frau Sörby uns nur nicht bald etwas pfeift, Du.

Der Beleibte. I Gott bewahre. Berta läßt ihre alten Freunde nicht sitzen.

Sie lachen und gehen ins Zimmer ab.

Werle *leise und verstimmt.* Ich glaube, es hat niemand etwas bemerkt, Gregers.

Gregers *sieht ihn an.* Was?

Werle. Hast Du es auch nicht bemerkt?

Gregers. Was sollte ich bemerkt haben?

Werle. Wir waren dreizehn bei Tische.

Gregers. So? Waren wir dreizehn?

Werle *mit einem Blick auf Hjalmar Ekdal.* Wir sind sonst gewöhnlich nur zwölf. *Zu den übrigen.* Bitte, meine Herren!

Er und die Zurückgebliebenen, mit Ausnahme von Hjalmar und Gregers, gehen durch den Hintergrund rechts ab.

Hjalmar, *der das Gespräch gehört hat.* Du hättest mich nicht einladen sollen, Gregers.

Gregers. Was! Es heißt ja doch, die Gesellschaft sollte *mir* zu Ehren sein. Und da hätte ich meinen einzigen und besten Freund nicht bitten sollen –

Hjalmar. Aber ich glaube, es ist Deinem Vater nicht recht. Ich komme ja sonst nie hier ins Haus.

Gregers. Ja, das höre ich. Aber ich mußte Dich doch sehen und sprechen; denn ich reise ja doch bald wieder ab. – Ja, Du, – wir zwei alten Schulkameraden – wir sind allerdings recht sehr auseinander gekommen. Wir haben uns an die sechzehn, siebzehn Jahre nicht gesehen!

Hjalmar. Ist das schon so lange her?

Gregers. Allerdings. Na, wie geht es Dir denn? Du siehst gut aus. Du bist sehr stark geworden.

Hjalmar. Hm, stark kann man das wohl nicht nennen. Aber natürlich sehe ich männlicher aus als dazumal.

Gregers. In der Tat. Dein Äußeres hat nicht gelitten.

Hjalmar *in düsterem Ton.* Aber, Du, das Innere! Das sieht anders aus, kannst Du glauben! Du weißt doch, wie schrecklich es mit mir und den Meinen bergab gegangen ist, seit wir uns das letzte Mal gesehen haben.

Gregers *leiser.* Wie geht es denn Deinem Vater jetzt?

Hjalmar *scheu.* Mein Lieber, *dar*über wollen wir lieber nicht reden. Mein armer, unglücklicher Vater lebt natürlich bei mir. Er hat ja auf der weiten Welt keine andere Zufluchtsstätte. Aber, siehst Du, über diese Geschichte zu reden, das fällt mir grauenhaft schwer. – Sag' mir lieber, wie ist es Dir da oben auf dem Werk gegangen.

Gregers. Himmlisch einsam habe ich gelebt, – hatte viel Muße, über dies und das nachzudenken. – Komm her, wir wollen es uns bequem machen. *Er setzt sich in einen Lehnstuhl am Kamin und nötigt Hjalmar in einen daneben stehenden.*

Hjalmar *weich.* Trotz alledem sage ich Dir Dank dafür, Gregers, daß Du mich an Deines Vaters Tisch geladen hast; denn nun weiß ich doch, daß Du nichts mehr gegen mich hast.

Gregers *verwundert.* Wie kommst Du auf den Gedanken, ich könnte etwas gegen Dich haben?

Hjalmar. In den ersten Jahren war es doch der Fall.

Gregers. In welchen ersten Jahren?

Hjalmar. Nachdem das große Unglück geschehen war. Und es war ja auch nur zu natürlich. Es hing ja doch nur an einem Haar, und Dein Vater wäre mit in diese – o, diese schrecklichen Geschichten hineingezogen worden!

Gregers. Und deshalb sollte ich etwas gegen Dich haben? Wer hat Dir das eingeredet?

Hjalmar. Ich weiß, Du hattest etwas gegen mich, Gregers; denn Dein Vater selbst hat es mir gesagt.

Gregers *stutzt.* Mein Vater! Ja so. Hm. – Und nur deshalb hast Du nie wieder etwas von Dir hören lassen – kein Sterbenswörtchen?

Hjalmar. Ja.

Gregers. Nicht einmal zu der Zeit, als Du Photograph wurdest?

Hjalmar. Dein Vater sagte, es lohne sich der Mühe nicht, Dir über dies und anderes zu schreiben.

Gregers *sieht vor sich hin*. Nein, nein – kann sein, daß er darin recht hatte. Aber sag' mir jetzt, Hjalmar, – befriedigt Dich Deine Stellung einigermaßen?

Hjalmar *seufzt leicht*. Ach ja, weshalb nicht; kann eigentlich nicht klagen. Im Anfang kam es mir freilich ein bißchen seltsam vor, weißt Du. Ich kam ja in so ganz andere Verhältnisse. Aber mein ganzes anderes Leben war ja auch so völlig verändert. Der große unglückselige Ruin meines Vaters, – die Schande und der Skandal, Gregers –

Gregers *bewegt*. Jawohl, ja. Jawohl.

Hjalmar. Meine Studien fortzusetzen, daran konnte ich doch nicht denken. Kein Pfennig war übrig geblieben; im Gegenteil, eher noch Schulden, – zumal bei Deinem Vater, glaube ich –

Gregers. Hm –

Hjalmar. Na, also da hielt ich es für das beste, – so mit einem Ruck, siehst Du, – mich aus allen alten Verhältnissen und Verbindungen herauszureißen. Ganz besonders Dein Vater riet mir dazu; und da er sich meiner so hilfreich annahm –

Gregers. Hat mein Vater das getan?

Hjalmar. Ja; das weißt Du ja doch? Wo hätte ich denn das Geld hernehmen sollen, um das Photographieren zu erlernen, mir ein Atelier einzurichten und mich zu etablieren. Du, das kostet was!

Gregers. Und die Kosten für das alles hat mein Vater getragen?

Hjalmar. Ja, mein Lieber, das weißt Du nicht? Ich verstand ihn so, als hätte er es Dir geschrieben.

Gregers. Kein Wort, daß *er* es war. Er muß es vergessen haben. Wir haben immer nur Geschäftsbriefe gewechselt. So, also mein *Vater* hat –!

Hjalmar. Ja freilich. Er hat nur nicht gewollt, daß die Leute etwas davon erführen; aber *er* ist es gewesen. Und er war es auch, der mir das Heiraten ermöglichte. Oder – weißt Du am Ende auch das nicht?

Gregers. Nein, das wußte ich freilich nicht. – *Packt ihn bewegt am Arm.* Aber, mein lieber Hjalmar, ich kann Dir nicht sagen, wie das alles mich freut – und mich quält. Vielleicht habe ich meinem Vater doch unrecht getan – in manchen Stücken. Denn, siehst Du, diese Regung ist ja doch ein Zeichen von Gemüt –. Es ist wie eine Art Gewissen –

Hjalmar. Gewissen?

Gregers. Jawohl, oder wie Du es sonst nennen willst. Nein, ich finde gar keine Worte für meine Freude, so etwas von Vater zu hören. – Also, Du bist verheiratet, Hjalmar. So weit werde ich es nie bringen. Na, ich hoffe doch, Du fühlst Dich als Ehemann glücklich?

Hjalmar. O, natürlich. Sie ist eine so tüchtige und brave Frau, wie ein Mann sie sich nur wünschen kann. Und außerdem ist sie nicht ganz ohne Bildung.

Gregers *ein wenig erstaunt*. Nein, – das kann sie wohl auch nicht sein.

Hjalmar. Das Leben, sieh mal, erzieht. Der tägliche Umgang mit mir –; und dann kommen doch auch häufig ein paar begabte Menschen zu uns. Ich versichere Dir, Du würdest Gina nicht wiedererkennen.

Gregers. Gina?

Hjalmar. Ja, mein Lieber, hast Du denn vergessen, daß sie Gina hieß?

Gregers. Wer hieß Gina? Ich weiß ja gar nicht –

Hjalmar. Aber hast Du denn vergessen, daß sie eine Zeit lang bei Euch in Stellung war?

Gregers *sieht ihn an*. Ist es Gina Hansen –?

Hjalmar. Ja, natürlich ist es Gina Hansen.

Gregers. – die uns den Haushalt führte im letzten Jahr, wo Mutter krank war?

Hjalmar. Ja, gewiß. Aber, lieber Freund, ich weiß doch ganz bestimmt, daß Dein Vater Dir über meine Verheiratung geschrieben hat.

Gregers, *der aufgestanden ist*. Ja, das hat er freilich getan; aber nicht, daß – *Geht im Zimmer auf und ab.* Aber wart' mal; – vielleicht doch – wenn ich mich recht besinne. Aber Vater schreibt mir immer so kurz. *Setzt sich halb auf die*

Armlehne. Du, Hjalmar, sag' mir mal –; die Sache ist komisch –; wie ist das zugegangen, daß Du mit Gina – mit Deiner Frau bekannt wurdest?

Hjalmar. O, das war sehr einfach. Gina blieb doch nicht lange hier im Hause; denn hier ging's damals drunter und drüber; die Krankheit Deiner Mutter –; all das wurde Gina zu viel, und deshalb kündigte sie und ging. Das war ein Jahr vor dem Tode Deiner Mutter, – oder vielleicht war's auch im selben Jahr.

Gregers. Es war im selben Jahr. Und ich war damals auf dem Werk oben. Aber was weiter?

Hjalmar. Ja, da zog Gina wieder zu ihrer Mutter, einer Madam Hansen, einer ungewöhnlich tüchtigen und strebsamen Frau, die eine kleine Gastwirtschaft betrieb. Auch hatte sie noch ein Zimmer zu vermieten; ein recht nettes, gemütliches Zimmer.

Gregers. Das Du so glücklich warst zu bekommen?

Hjalmar. Ja. Auch darauf hatte Dein Vater mich aufmerksam gemacht. Und dort, – siehst Du, – *dort* habe ich Gina recht eigentlich kennen gelernt.

Gregers. Und dann kam es zur Verlobung?

Hjalmar. Ja. Junge Leute verlieben sich ja so leicht ineinander –; hm –

Gregers *steht auf und geht hin und her*. Sag' mal – nachdem Du Dich verlobt hattest, – *da* erst ließ mein Vater Dich –; ich meine, – da erst fingst Du an, Dich auf das Photographieren zu legen?

Hjalmar. Ja freilich. Denn ich wollte gern vorwärts und mich je eher, je lieber niederlassen. Und da fand denn Dein Vater wie auch ich, daß es auf die bequemste Art ginge, wenn ich's mit dem Photographieren versuchte. Gina war derselben Meinung. Und außerdem, siehst Du, gab es noch einen andern Grund. Es traf sich, daß Gina das Retouchieren erlernt hatte.

Gregers. Das paßte ja ganz wunderbar zusammen.

Hjalmar *zufrieden, steht auf*. Ja, nicht wahr? Du findest auch, daß es ganz wunderbar zusammen paßte?

Gregers. Ja, das muß ich gestehen. Mein Vater ist für Dich so eine Art Vorsehung gewesen.

Hjalmar *bewegt*. Er verließ den Sohn seines alten Freundes nicht in den Tagen der Bedrängnis. Denn er *hat* Gemüt, siehst Du.

Frau Sörby *tritt ein, mit Werle am Arm*. Keine Widerrede, mein guter Herr Werle; Sie dürfen mir nicht länger da drin bleiben und in das viele Licht starren. Es bekommt Ihnen nicht gut.

Werle *läßt ihren Arm los und fährt mit der Hand über die Augen*. Schon möglich, daß Sie recht haben.

***Pettersen** und **Jensen** kommen mit Präsentiertellern.*

Frau Sörby *zu den Gästen im anderen Zimmer*. Bitte schön, meine Herren; wer ein Glas Punsch haben will, der muß sich hier herein bemühen.

Der Beleibte *tritt zu Frau Sörby*. Mein Gott, ist es wahr, daß Sie die herrliche Rauchfreiheit aufgehoben haben?

Frau Sörby. Jawohl, hier im Bereich des Herrn Werle ist sie aufgehoben, Herr Kammerherr.

Der Glatzkopf. Seit wann haben Sie für das Zigarrengesetz diese verschärften Bestimmungen eingeführt, Frau Sörby?

Frau Sörby. Nach dem letzten Diner, Herr Kammerherr; denn da haben sich gewisse Leute erlaubt, über die Stränge zu schlagen.

Der Glatzkopf. Und das ist nicht erlaubt, ein klein bißchen über die Stränge zu schlagen, Frau Berta? Wirklich nicht?

Frau Sörby. In gar keiner Beziehung, Herr Balle.

Die Mehrzahl der Gäste hat sich im Arbeitszimmer versammelt. Die Diener reichen Punsch herum.

Werle *zu Hjalmar, weiter vorn an einem Tische*. Was studieren Sie denn da so eifrig, Ekdal?

Hjalmar. Es ist nur ein Album, Herr Werle.

Der Glatzkopf, *der umhergeht*. Ah, Photographien! Ja, das ist ja so etwas für Sie.

Der Beleibte *in einem Lehnstuhl*. Haben Sie nicht ein paar von Ihren eigenen mitgebracht?

Hjalmar. Nein, bedaure.

Der Beleibte. Das hätten Sie doch tun sollen; es ist gut für die Verdauung, so dazusitzen und Bilder anzuschauen.

Der Glatzkopf. Und dann, sehen Sie, trägt es auch immer ein bißchen mit zur Unterhaltung bei.

Ein Kurzsichtiger. Und jeder Beitrag wird dankbar angenommen.

Frau Sörby. Die Herren meinen, wenn man zum Diner eingeladen ist, so muß man auch für das Essen etwas leisten, Herr Ekdal.

Der Beleibte. In einem Hause, wo gut gegessen wird, ist das ein wahres Vergnügen.

Der Glatzkopf. Du lieber Gott, wenn es den Kampf ums Dasein gilt, so –

Frau Sörby. Da haben Sie recht! *Setzen das Gespräch unter Lachen und Scherzen fort.*

Gregers *leise*. Du mußt mitreden, Hjalmar.

Hjalmar *unwillig*. Von was soll ich denn reden?!

Der Beleibte. Meinen Sie nicht auch, Herr Werle, daß man den Tokayer als ein verhältnismäßig gesundes Getränk für den Magen ansehen kann?

Werle *am Kamin*. Für den Tokayer, den Sie heute bekommen haben, kann ich wenigstens garantieren; das ist einer von den aller-, allerfeinsten Jahrgängen. Nun, das haben Sie wohl auch selbst gemerkt.

Der Beleibte. Jawohl, er schmeckte hervorragend delikat.

Hjalmar *unsicher*. Gibt es einen Unterschied zwischen den Jahrgängen?

Der Beleibte *lachend*. Nein, – Sie sind gut!

Werle *lächelt*. Es lohnt sich wirklich nicht, Ihnen einen edlen Tropfen vorzusetzen.

Der Glatzkopf. Es ist mit dem Tokayer, wie mit den Photographien, Herr Ekdal. Es gehört Sonnenschein dazu. Oder ist es vielleicht nicht so?

Hjalmar. Ja, das Licht tut das Seinige.

Frau Sörby. Aber dann ist es ja akkurat so wie mit den Kammerherren; denn die haben Sonnenschein auch furchtbar nötig, wie man sagt.

Der Glatzkopf. Au! Au! Da haben Sie aber einen recht alten Witz gemacht!

Der Kurzsichtige. Gnädige Frau produzieren sich –

Der Beleibte. – und zwar auf unsere Kosten. *Droht* . Frau Berta! Frau Berta!

Frau Sörby. Ja, aber das steht doch nun einmal bombenfest, daß die Jahrgänge sehr verschieden sein können. Die alten Jahrgänge sind die feinsten.

Der Kurzsichtige. Rechnen Sie mich zu den alten?

Frau Sörby. I, keine Spur.

Der Glatzkopf. Seh' mal einer an! Aber ich, verehrteste Frau –?

Der Beleibte. Ja, und ich! Zu welchen Jahrgängen rechnen Sie uns?

Frau Sörby. Sie rechne ich zu den süßen Jahrgängen, meine Herren. *Sie nippt an einem Glase Punsch; die Kammerherren lachen und scherzen mit ihr.*

Werle. Frau Sörby weiß sich immer aus der Affäre zu ziehen – wenn sie will. Aber Sie trinken ja gar nichts, meine Herren! – Pettersen, so passen Sie doch auf –! Gregers, ich denke, wir trinken ein Glas zusammen. *Gregers rührt sich nicht.* Wollen Sie nicht mithalten, Ekdal? Ich hatte keine Gelegenheit, bei Tisch mit Ihnen anzustoßen.

Gråberg durch die Tapetentür ins Zimmer.

Gråberg. Pardon, Herr Werle, aber ich kann nicht heraus.

Werle. Man hat Sie da drin schon wieder eingeschlossen?

Gråberg. Jawohl, und Flakstad hat die Schlüssel mitgenommen –

Werle. Na, dann gehen Sie nur hier durch.

Gråberg. Aber da ist noch wer –

Werle. Ja, kommt nur, kommt nur, Ihr zwei beiden; geniert Euch nicht. *Gråberg und der alte Ekdal kommen aus dem Kontor.*

Werle *unwillkürlich*. Nanu!

Lachen und Gespräch der Gäste verstummen. Hjalmar fährt beim Anblick seines Vaters zusammen, stellt sein Glas hin und wendet sich dem Kamin zu.

Ekdal *sieht nicht auf, macht aber während des Gehens kurze Verbeugungen nach allen Seiten und murmelt*: Bitte um Verzeihung. Bin den falschen Weg gekommen. Unten war zu; – war unten zu. Bitte um Verzeihung.

Er und Gråberg durch den Hintergrund rechts ab.

Werle *zwischen den Zähnen*. Der verdammte Gråberg!

Gregers *starrt Hjalmar mit offenem Munde an*. Das war doch nicht etwa –!

Der Beleibte. Was ist das? Wer war das?

Gregers. O, das war weiter niemand. Nur der Buchhalter und noch einer.

Der Kurzsichtige *zu Hjalmar*. Kannten Sie den Mann?

Hjalmar. Ich weiß nicht –; ich habe nicht acht gegeben –

Der Beleibte *steht auf*. Donnerwetter, was ist denn los? *Geht zu einigen anderen, die leise sprechen.*

Frau Sörby *flüstert dem Diener zu*: Geben Sie ihm draußen etwas mit; etwas recht Gutes.

Pettersen *nickt*. Soll geschehen. *Ab.*

Gregers *leise und bewegt zu Hjalmar*. Er war es also wirklich!

Hjalmar. Ja.

Gregers. Und doch hast Du dagestanden und ihn verleugnet!

Hjalmar *flüstert heftig*. Aber *konnte* ich denn –!

Gregers. – zu Deinem Vater Dich, bekennen?

Hjalmar *schmerzlich*. O, wärest Du nur an meiner Stelle –

Die Unterhaltung der Gäste, die bis jetzt mit leiser Stimme geführt worden, wird jetzt gezwungen laut.

Der Glatzkopf *nähert sich Hjalmar und Gregers freundschaftlich*. Aha, da frischt man wohl alte Erinnerungen aus der Studentenzeit auf? Was? Rauchen Sie nicht, Herr Ekdal? Wünschen Sie Feuer? Ist ja wahr, wir dürfen nicht –

Hjalmar. Danke, ich rauche nicht – –

Der Beleibte. Wollen Sie uns nicht ein kleines nettes Gedicht vordeklamieren, Herr Ekdal? Früher konnten Sie das so hübsch.

Hjalmar. Ich kann leider keins mehr.

Der Beleibte. Ach, das ist aber schade. Ja, was wollen wir denn jetzt machen, Balle?

Beide Herren gehen ab in den anderen Raum.

Hjalmar *düster*. Gregers, – ich will fort! Wenn ein Mann auf seinem Haupt des Schicksals zermalmende Hand gefühlt hat, siehst Du –. Empfiehl mich Deinem Vater.

Gregers. Ja, ja. Gehst Du gleich nach Haus?

Hjalmar. Ja. Weshalb fragst Du?

Gregers. Weil ich dann vielleicht später zu Dir komme.

Hjalmar. Nein, das sollst Du nicht. Nicht in meine Wohnung. Bei mir ist es trist, Gregers, – besonders nach einem so glänzenden Fest, wie diesem hier. Wir können uns ja immer irgendwo in der Stadt treffen.

Frau Sörby *hat sich genähert; mit gedämpfter Stimme*. Wollen Sie fort, Ekdal?

Hjalmar. Ja.

Frau Sörby. So grüßen Sie Gina.

Hjalmar. Danke.

Frau Sörby. Und sagen Sie ihr, ich würde nächstens mal zu ihr kommen.

Hjalmar. Besten Dank. *Zu Gregers*. Bleib hier. Ich will unbemerkt verschwinden.

Geht langsam durchs Zimmer, dann hinein in die andere Stube und schließlich rechts ab.

Frau Sörby *leise zum Diener, der zurückgekommen ist*. Na, hat der Alte was mitgekriegt?

Pettersen. Jawoll, ich hab' ihm 'ne Flasche Kognak zugesteckt.

Frau Sörby. Na, Sie hätten auch was Besseres aussuchen können.

Pettersen. Nee, Frau Sörby; was Besseres als wie Kognak, das kennt der nicht.

Der Beleibte *in der Tür mit einem Notenheft in der Hand.* Wollen wir nicht zusammen etwas spielen, Frau Sörby?

Frau Sörby. Ach ja, – tun wir das.

Die Gäste. Bravo, bravo!

Sie und alle Gäste gehen durch das Zimmer rechts ab. Gregers bleibt am Kamin stehen. Werle sucht etwas auf dem Schreibtisch und scheint zu wünschen, Gregers möge gehen. Da dieser sich nicht rührt, geht Werle der Ausgangstür zu.

Gregers. Vater, willst Du nicht einen Augenblick bleiben?

Werle *bleibt stehen.* Was ist?

Gregers. Ich habe mit Dir zu reden.

Werle. Hat das nicht Zeit, bis wir allein sind?

Gregers. Nein. Denn möglicherweise sind wir überhaupt nicht wieder allein.

Werle *tritt näher.* Was soll das heißen?

Während des Folgenden ertönt gedämpftes Klavierspiel aus dem Musiksaal.

Gregers. Wie konnte man diese Familie so jämmerlich verkommen lassen!

Werle. Vermutlich meinst Du die Ekdals.

Gregers. Ja, ich meine die Ekdals. Der Leutnant Ekdal hat Dir doch einmal so nahe gestanden.

Werle. Ja, leider; er hat mir nur *zu* nahe gestanden. Das habe ich lange Jahre fühlen und büßen müssen. *Ihm* habe ich es zu danken, daß auch mein guter Name und Ruf so etwas wie einen Flecken mit abbekommen hat.

Gregers *leise.* War *er* wirklich der allein Schuldige ?

Werle. Wer denn sonst?

Gregers. Ihr habt ja doch gemeinschaftlich den großen Ankauf von Waldungen gemacht –

Werle. Aber ist es nicht Ekdal gewesen, der die Karte von dem Terrain aufnahm, – jene unzuverlässige Karte? Er war es, der die ungesetzliche Abholzung auf fiskalischem Grund und Boden vornahm. Er war ja doch für den ganzen Betrieb da oben verantwortlich. Ich hatte keine Einsicht in das, was Leutnant Ekdal trieb.

Gregers. Leutnant Ekdal hatte wohl selbst keine Einsicht in das, was er trieb.

Werle. Mag sein. Aber Tatsache ist, daß er verurteilt und ich freigesprochen wurde.

Gregers. Ja, ich weiß wohl: es fehlten die Beweise.

Werle. Freisprechung ist Freisprechung. Weshalb rührst Du an diese alten, peinlichen Dinge, die mein Haar vor der Zeit grau gemacht haben? Hast Du etwa darüber jahraus, jahrein da oben gegrübelt? Ich kann Dir versichern, Gregers, – hier in der Stadt sind diese Geschichten lange vergessen – soweit sie *mich* betreffen.

Gregers. Und die unglückliche Familie Ekdal –?

Werle. Was, meinst Du, hätte ich denn eigentlich für die Leute tun sollen? Als Ekdal wieder auf freien Fuß kam, da war er ein gebrochener, unrettbar verlorener Mann. Es gibt Leute, die ganz und gar untergehen auf dieser Welt, auch wenn sie nur ein paar Körner Schrot in den Pelz gekriegt haben, und die ihr Lebelang nicht wieder auf die Beine kommen. Du kannst mir auf mein Wort glauben, Gregers, ich bin so weit gegangen, wie ich konnte, wenn ich mich nicht selbst bloßstellen und allerhand Verdächtigungen und Redereien der Leute Nahrung geben wollte –

Gregers. Verdächtigungen –? Na ja, jawohl.

Werle. Ich habe Ekdal Schreibarbeiten fürs Kontor zugewandt, und ich zahle ihm für seine Arbeit weit, weit mehr, als sie wert ist –

Gregers, *ohne ihn anzusehen.* Hm, *da*ran zweifle ich nicht.

Werle. Du lachst? Glaubst Du etwa, ich sage die Unwahrheit? In meinen Büchern steht allerdings nichts davon; denn über solche Ausgaben führe ich niemals Buch.

Gregers *lächelt kalt.* Allerdings, es gibt gewisse Ausgaben, über die man lieber nicht Buch führt.

Werle *stutzt.* Was meinst Du damit?

Gregers *mit erkämpftem Mut.* Hast Du Buch darüber geführt, was Dich Hjalmars photographische Studien gekostet haben?

Werle. Ich? Inwiefern Buch geführt?

Gregers. Ich weiß jetzt, daß *Du* das bezahlt hast. Und jetzt weiß ich auch, daß Du es gewesen bist, der ihm so freigebig zur Etablierung verhelfen hat.

Werle. Na – und da sagt man noch, ich hätte nichts für die Ekdals getan! Ich kann Dir versichern, die Leute haben mir genug Ausgaben verursacht.

Gregers. Hast Du über *keine* dieser Ausgaben Buch geführt?

Werle. Weshalb fragst Du *da*nach?

Gregers. O, das hat so seine Gründe. Sag' mal – als Du Dich so warm interessiertest für den Sohn Deines alten Jugendfreundes, – das war doch gerade in der Zeit, da er heiraten wollte?

Werle. Ja, zum Henker, – wie kann ich nach so vielen Jahren noch –

Gregers. Du hast mir damals einen Brief geschrieben, – einen Geschäftsbrief natürlich. Und in einer Nachschrift, da stand ganz kurz, Hjalmar Ekdal hätte sich mit einem Fräulein Hansen verheiratet.

Werle. Ja, ganz recht, so hat sie geheißen.

Gregers. Aber Du hast nichts davon geschrieben, daß dieses Fräulein Hansen Gina Hansen war – unsere ehemalige Wirtschafterin.

Werle *lacht spöttisch, aber gezwungen.* Nein, denn ich konnte mir wirklich nicht denken, daß Du Dich so sehr für unsere frühere Wirtschafterin interessiertest.

Gregers. Das habe ich auch nicht getan. Aber – *senkt die Stimme* – es waren hier im Hause andere Leute, die sich *sehr* für sie interessierten.

Werle. Was soll das heißen? *Aufbrausend.* Du meinst damit doch wohl nicht gar mich?

Gregers *leise, aber fest.* Ja, ich meine Dich.

Werle. Und das wagst Du –! Das unterstehst Du Dich –! Wie kann dieser undankbare Mensch, dieser Photograph –; wie kann er sich erdreisten, mit solchen Bezichtigungen zu kommen!

Gregers. Hjalmar hat diese Dinge nicht mit einem Worte berührt. Ich glaube, er hat nicht einmal eine Ahnung davon.

Werle. Aber woher hast Du es denn? Wer hat Dir so etwas sagen können?

Gregers. Das hat mir meine arme, unglückliche Mutter gesagt. Das letzte Mal, als ich sie sah.

Werle. Deine Mutter! Hätte es mir auch denken können! Sie und Du, – Ihr habt immer zusammengehalten. Sie war es, die von Anfang an Dein Herz mir entfremdet hat.

Gregers. Nein, – das haben die Leiden und Kränkungen getan, die sie hier ertragen mußte, bis sie zusammenbrach und jammervoll zugrunde ging.

Werle. O, sie hatte keine Leiden und Kränkungen zu ertragen; wenigstens nicht mehr als so viele andere! Aber mit kränklichen, überspannten Menschen ist schwer auszukommen. Das habe *ich* nur zu sehr fühlen müssen. – Und nun kommst Du mit solcher Verdächtigung daher, – rührst allerhand alte Gerüchte wieder auf und Verleumdungen gegen Deinen Vater. Lieber Gregers, ich meine, Du in Deinem Alter könntest Dich wirklich mit etwas Nützlicherem beschäftigen.

Gregers. Ja, das dürfte allerdings an der Zeit sein.

Werle. Dann würde es Dir wohl auch leichter ums Herz, als es jetzt der Fall zu sein scheint. Wohin soll es denn führen, daß Du jahraus, jahrein auf dem Werk da oben wie ein einfacher Kontorist hockst und Dich plagst und nicht einen Pfennig über den gewöhnlichen Monatslohn annehmen willst? Das ist ja der reine Wahnsinn von Dir.

Gregers. Ja, wenn ich *das* nur so sicher wüßte.

Werle. Ich verstehe Dich ganz gut. Du willst unabhängig sein, willst mir nichts zu verdanken haben. Aber gerade jetzt hast Du eine Gelegenheit, Dich unabhängig zu machen, – in jeder Beziehung Dein eigener Herr zu werden.

Gregers. So? Und auf welche Weise –?

Werle. Als ich Dir schrieb, Du möchtest unverzüglich hierher kommen – hm –

Gregers. Ja, – was willst Du eigentlich von mir? Den ganzen Tag warte ich schon darauf, es zu erfahren.

Werle. Ich möchte Dir vorschlagen, als Teilhaber in die Firma zu treten.

Gregers. Ich? In Deine Firma? Als Kompagnon?

Werle. Ja. *Des*halb brauchten wir doch nicht ständig zusammen zu sein. Du könntest die Geschäfte hier in der Stadt übernehmen, und ich zöge aufs Werk hinauf.

Gregers. Das wolltest Du?

Werle. Ja, denn, sieh mal, ich bin nicht mehr so arbeitsfähig wie früher. Ich bin gezwungen, meine Augen zu schonen, Gregers; denn sie wollen schon etwas schwach werden.

Gregers. Das sind sie ja immer gewesen.

Werle. Nicht so wie jetzt. Und überdies, – die Verhältnisse konnten es mir vielleicht wünschenswert erscheinen lassen, da oben zu wohnen – wenigstens eine Zeitlang.

Gregers. Alles andere hätte ich mir eher gedacht als so etwas.

Werle. Nun hör' mich mal an, Gregers. Es steht so vieles scheidend zwischen uns – gewiß. Aber wir sind doch nun einmal Vater und Sohn. Ich meine, es müßte doch etwas wie eine Verständigung zwischen uns möglich sein.

Gregers. Du meinst doch wohl: äußerlich.

Werle. Na, das wäre schon immerhin etwas. Überleg' es Dir, Gregers. Glaubst Du nicht, es ließe sich machen? Was?

Gregers *blickt ihn kalt an*. Dahinter steckt irgend etwas.

Werle. Wieso?

Gregers. Du hast mich gewiß zu etwas nötig.

Werle. In einem so nahen Verhältnis, wie wir zueinander stehen, hat der eine den andern wohl immer nötig.

Gregers. Ja, so heißt es.

Werle. Ich möchte Dich jetzt gern einige Zeit bei mir haben. Ich bin ein einsamer Mann, Gregers, habe mich immer einsam gefühlt – mein ganzes Leben lang: aber besonders jetzt, da das Alter sich mir fühlbar macht. Ich muß jemand um mich haben. –

Gregers. Du hast doch Frau Sörby.

Werle. Allerdings. Und sie ist mir nachgerade sozusagen unentbehrlich geworden. Sie ist munter; sie ist ohne Launen; sie bringt Leben ins Haus; – und das kann ich grade gut gebrauchen.

Gregers. Na, dann hast Du ja alles, was Dein Herz begehrt.

Werle. Ja, aber ich fürchte, das kann nicht so bleiben. Eine Frau in solcher Situation kommt der Welt gegenüber leicht in eine schiefe Stellung. Ja, fast hätte ich gesagt, auch einem Manne ist damit nicht gedient.

Gregers. O, wenn ein Mann solche Diners gibt wie Du, so kann er gewiß manches riskieren.

Werle. Ja, aber *sie*, Gregers? Ich fürchte, sie wird sich auf die Dauer nicht darein finden. Und selbst wenn sie sich darein finden sollte, – wenn sie sich aus Hingebung für mich über den Klatsch und die Nachrede der Leute und dergleichen hinwegsetzen würde –? Meinst Du denn, Gregers, Du mit Deinem stark ausgeprägten Gerechtigkeitssinn –

Gregers *ihn unterbrechend*. Kurz und gut – sag' mir eins: Hast Du die Absicht, sie zu heiraten?

Werle. Und wenn ich nun die Absicht hätte? Was dann?

Gregers. Ja, das frage ich auch. Was dann?

Werle. Würde Dir das so durchaus gegen den Strich gehen?

Gregers. Nein, gar nicht. Durchaus nicht.

Werle. Ich konnte ja doch nicht wissen, ob nicht vielleicht die Erinnerung an Deine selige Mutter –

Gregers. Ich bin nicht überspannt.

Werle. Na, wie dem nun auch sei, – jedenfalls hast Du mir einen schweren Stein vom Herzen genommen. Es ist mir unendlich lieb, daß ich in dieser Sache auf Deine Zustimmung zählen kann.

Gregers *blickt ihn unverwandt an.* Jetzt weiß ich, wozu Du mich brauchen willst.

Werle. Dich brauchen? Was ist denn das für ein Ausdruck!

Gregers. Ach, seien wir nicht heikel in der Wahl der Worte; – wenigstens nicht unter vier Augen. *Lacht kurz.* Ja so! Donnerwetter, – deshalb mußte ich mich also in eigener Person hier einfinden. Frau Sörby zu Liebe soll hier im Haus ein Familienleben inszeniert werden. Tableau zwischen Vater und Sohn! Das ist etwas Neues, ei ja!

Werle. Wie kannst Du wagen, in solchem Ton zu reden!

Gregers. Wann haben wir hier ein Familienleben gehabt? Niemals, solange ich denken kann. Aber *jetzt* hat man Verwendung für 'n bißchen so was. Denn unstreitig wird es sich sehr gut ausnehmen, wenn man erzählen kann, daß der Sohn – auf den Flügeln der Pietät – zum Hochzeitsfest des alternden Vaters herbeigeeilt ist. Was bleibt dann von all den Gerüchten über die Leiden der toten Dulderin? Nicht *so* viel! Ihr Sohn schlägt sie ja nieder.

Werle. Gregers, – ich glaube, kein Mensch auf der Welt ist Dir so zuwider wie ich.

Gregers *leise.* Ich habe Dich zu sehr in der Nähe gesehen.

Werle. Du hast mich mit den Augen Deiner Mutter gesehen. *Senkt ein wenig die Stimme.* Aber Du solltest nicht vergessen, daß ihre Augen – zuweilen umnebelt waren.

Gregers *bebend.* Ich weiß, worauf Du hinaus willst. Aber wer trägt die Schuld an der unglücklichen Schwäche meiner Mutter? Du und alle diese –! Die letzte von ihnen war dieses Frauenzimmer, mit dem Hjalmar Ekdal verkuppelt wurde, als Du nicht mehr – o!

Werle *zuckt die Achseln.* Wort für Wort, – als ob ich Deine Mutter hörte.

Gregers *ohne auf ihn zu achten.* – und da sitzt er nun mit seinem großen arglosen Kindergemüte inmitten des Betrugs, – lebt unter einem Dach mit einer solchen –, und ahnt nicht, daß das, was er sein Heim nennt, auf eine Lüge gegründet ist! *Einen Schritt näher.* Wenn ich auf Deinen ganzen Wandel zurückblicke, so ist mir, als sähe ich ein Schlachtfeld voll hingemordeter Menschenlose.

Werle. Ich glaube nachgerade selbst, die Kluft zwischen uns ist zu groß.

Gregers *verbeugt sich, mit Selbstbeherrschung.* Das habe ich bemerkt. Und deshalb nehme ich auch meinen Hut und gehe.

Werle. Du gehst? Aus dem Hause?

Gregers. Ja. Denn jetzt sehe ich endlich eine Aufgabe, für die ich leben kann.

Werle. Was ist das für eine Aufgabe?

Gregers. Du würdest ja doch nur lachen, wenn Du es hörtest.

Werle. Ein einsamer Mann lacht nicht so leicht, Gregers.

Gregers *zeigt nach dem Hintergrunde.* Sieh mal, Vater, da spielen die Kammerherren Blindekuh mit Frau Sörby. – Gute Nacht und adieu. *Ab durch den Hintergrund rechts. Man hört die Gesellschaft lachen und scherzen; sie wird in dem äußeren Zimmer sichtbar.*

Werle *murmelt höhnisch hinter Gregers her*: He –! Der Tropf, – und der sagt, er wäre nicht überspannt!

Zweiter Akt

Hjalmar Ekdals Atelier.

Man sieht dem Raum, der ziemlich groß ist, an, daß er ein Bodenzimmer ist. Rechts ein Schrägdach mit großen Glasscheiben, halb verdeckt von einem blauen Vorhang. Oben in der Ecke rechts die Eingangstür; vorn an derselben Seite eine Tür zur Wohnstube. An der Wand links sind ebenfalls zwei Türen und dazwischen ein eiserner Ofen. An der Rückwand ist eine breite Doppeltür, die so eingerichtet ist, daß ihre Teile zur Seite geschoben werden können. Das Atelier ist einfach, aber gemütlich eingerichtet und ausgestattet. Zwischen den Türen rechts, ein wenig von der Wand entfernt, steht ein Sofa mit einem Tisch und einigen Stühlen; auf dem Tisch eine brennende Lampe mit Schirm; im Ofenwinkel ein alter Lehnstuhl. Verschiedene photographische Apparate und Instrumente sind hier und da im Zimmer aufgestellt. An der Rückwand links von der Doppeltür steht ein Regal, worin einige Bücher, Schachteln, Flaschen mit Chemikalien, verschiedenartige Geräte, Werkzeuge und andere Gegenstände. Photographien und Kleinigkeiten wie Pinsel, Papier und ähnliches liegen auf dem Tische.

***Gina** sitzt auf einem Stuhl am Tisch und näht. **Hedwig** sitzt auf dem Sofa, die Hände vor den Augen, die Daumen in den Ohren, und liest in einem Buche.*

Gina *blickt ein paarmal, wie in geheimer Sorge, Hedwig verstohlen an; dann sagt sie*: Hedwig!

Hedwig *hört es nicht.*

Gina *lauter*. Hedwig!

Hedwig *nimmt die Hände fort und blickt auf*. Ja, Mutter?

Gina. Hedchen, jetzt darfst Du aber nicht länger lesen.

Hedwig. Ach, Mutter, laß mich doch noch ein bißchen! Nur ein bißchen!

Gina. Nein, nein, Du sollst jetzt das Buch weglegen. Dein Vater mag das nicht; er liest des Abends auch nie.

Hedwig *schlägt das Buch zu*. Nein, Vater, der macht sich aus dem Lesen nicht viel.

Gina *tut das Nähzeug weg und legt einen Bleistift und ein kleines Heft auf den Tisch*. Weißt Du noch, wieviel wir heut für Butter ausgegeben haben?

Hedwig. Eine Krone und fünfundsechzig Oere.

Gina. Richtig. *Notiert.* Furchtbar, was hier im Haus für Butter draufgeht. Und dann für Schlackwurst und Käse – laß mal sehen – *notiert* – und dann für Schinken – hm – *zählt zusammen.* Das macht ja gleich –

Hedwig. Und das Bier kommt auch noch dazu.

Gina. Ja, versteht sich. *Notiert.* Es läuft ins Geld; aber es *muß* ja sein.

Hedwig. Dafür haben Du und ich ja doch auch kein warmes Mittagessen gebraucht, weil Vater aus war.

Gina. Ja; und das war gut. Na, und dann habe ich ja auch acht Kronen fünfzig für Photographien eingenommen.

Hedwig. Denk nur, – so viel war das!

Gina. Akkurat acht Kronen fünfzig.

Pause. Gina nimmt ihr Nähzeug wieder zur Hand. Hedwig nimmt Papier und Bleistift und fängt an, etwas zu zeichnen, mit der linken Hand die Augen beschattend.

Hedwig. Ist es nicht wundernett, Vater auf einem großen Diner beim reichen Herrn Werle zu wissen?

Gina. Das kannst Du doch nicht sagen, daß er beim reichen Herrn Werle ist. Der *Sohn* hat ihn doch holen lassen. *Nach kurzer Pause.* Mit dem alten Werle haben wir doch nichts zu schaffen.

Hedwig. Ich freue mich riesig drauf, wenn Vater nach Hause kommt. Denn er hat versprochen, er will Frau Sörby um etwas Gutes für mich bitten.

Gina. Ja, Du, glaub' man, in *dem* Haus, da gibt es Dir gute Sachen!

Hedwig *immer zeichnend*. Ein bißchen hungrig bin ich nun auch.

Der ***alte Ekdal*** *mit einem Stoß Papiere unter dem Arm und einem anderen Paket in der Rocktasche, tritt durch die Flurtür ein.*

Gina. Wie spät Sie heut nach Hause kommen, Großvater.

Ekdal. Das Kontor war zu. Mußte bei Gråberg warten. Und dann mußte ich durch – hm.

Hedwig. Haben sie Dir wieder etwas zum Abschreiben gegeben, Großvater?

Ekdal. Den ganzen Stoß hier. Sieh bloß mal.

Gina. Das ist ja fein.

Hedwig. Und in der Tasche hast Du auch noch ein Paket.

Ekdal. So? Ach was! Das ist weiter nichts. *Stellt seinen Stock in den Winkel.* Das gibt wieder für eine ganze Zeit Arbeit, das da, Gina. *Zieht den einen Flügel der Tür hinten ein wenig zur Seite. Pst! Guckt einen Augenblick in den Raum und schiebt die Tür dann wieder vorsichtig zu.* He – he! Sie schlafen schon, alle miteinander. Und *sie* hat sich in den Korb gelegt. He – he!

Hedwig. Bist Du sicher, Großvater, daß sie im Korb nicht friert?

Ekdal. I, was fällt Dir ein! Frieren! In der Masse Stroh? *Geht nach der oberen Tür links.* Wo sind die Streichhölzer?

Gina. Die Streichhölzer stehen auf der Kommode.

Ekdal ab in sein Zimmer.

Hedwig. Das ist wirklich gut, daß Großvater wieder die Masse Schreibarbeit bekommen hat.

Gina. Ja, der arme alte Vater. So verdient er sich doch wenigstens ein bißchen Taschengeld.

Hedwig. Und dann kann er nicht den ganzen Vormittag in der ekligen Madam Eriksen ihrer Kneipe sitzen.

Gina. Das auch, ja. *Kurze Pause.*

Hedwig. Glaubst Du, sie sind noch bei Tisch?

Gina. Das weiß der liebe Gott. Kann schon möglich sein.

Hedwig. Denk bloß, das viele gute Essen, das Vater kriegt. Ich bin sicher, er ist froh und vergnügt, wenn er kommt. Meinst Du nicht auch, Mutter?

Gina. Ja; aber, Du, wenn wir ihm nun noch erzählen könnten, daß wir die Stube vermietet haben.

Hedwig. Aber *das* ist heut nicht nötig.

Gina. Ach Du, das käme uns aber auch ganz zu paß. Und für uns hat die Stube doch keinen Zweck.

Hedwig. Nein, ich meine, es ist nicht nötig, weil Vater heut so wie so gut aufgelegt ist. Es ist besser, die Sache mit dem Zimmer, die bleibt für ein ander Mal.

Gina *sieht hin zu ihr.* Du freust Dich wohl, Vater was Gutes erzählen zu können, wenn er abends nach Hause kommt?

Hedwig. Ja, – weil es dann hier lustiger ist.

Gina *sinnt vor sich hin.* Ach ja! Ist auch wahr.

*Der alte **Ekdal** kommt wieder herein und will durch die vorderste Tür links hinausgehen.*

Gina *wendet sich auf dem Stuhl halb um.* Großvater, wollen Sie etwas in der Küche?

Ekdal. Will was, ja. Aber bleib nur sitzen. *Ab.*

Gina. Er wirtschaftet da draußen doch wohl nicht mit den glühenden Kohlen herum? *Wartet einen Augenblick.* Hedwig, sieh mal nach, was er da macht.

Ekdal kommt wieder mit einem kleinen Henkelkrug voll dampfenden Wassers.

Hedwig. Du holst Dir warmes Wasser, Großvater?

Ekdal. Jawohl – tu' ich. Brauch's zu was. Ich muß schreiben, und nun ist die Tinte dick geworden wie Brei, – hm.

Gina. Aber, Großvater, essen Sie doch erst Ihr Abendbrot. Ich habe es Ihnen ja hineingesetzt.

Ekdal. Aus dem Abendbrot, da mache ich mir nichts draus, Gina. Hab' riesig zu tun, sag' ich Dir. Ich will keinen drin haben in meiner Kammer. Keinen, – hm.

Ab in sein Zimmer. Gina und Hedwig wechseln Blicke.

Gina *leise*. Ahnst Du, woher er das Geld hat?

Hedwig. Er hat es gewiß von Gråberg.

Gina. Keine Idee. Gråberg schickt ja das Geld immer an mich.

Hedwig. Dann muß er irgendwo eine Flasche auf Borg genommen haben.

Gina. Armer Großvater; ihm borgt doch keiner was.

Hjalmar im Überzieher, mit grauem Filzhut, kommt von rechts.

Gina *wirft das Nähzeug hin und steht auf*. Aber, Ekdal, Du bist schon wieder da?

Hedwig *gleichzeitig, springt auf*. Nein, daß Du schon nach Haus kommst, Vater!

Hjalmar *legt den Hut weg*. Ja, es sind die meisten gegangen.

Hedwig. So zeitig?

Hjalmar. Ja, es war doch ein Diner.

Will den Überrock ausziehen.

Gina. Laß mich Dir helfen.

Hedwig. Mich auch. *Sie ziehen ihm den Rock aus. Gina hängt ihn an der Rückwand auf.*

Hedwig. Waren viel Leute da, Vater?

Hjalmar. Ach nein, nicht viel. Wir waren so etwa zwölf bis vierzehn Personen bei Tisch.

Gina. Und mit den allen hast Du geredet?

Hjalmar. O ja, ein bißchen; hauptsächlich hat mich aber Gregers in Beschlag genommen.

Gina. Ist Gregers noch immer so häßlich?

Hjalmar. Na, schön sieht er ja nicht gerade aus. – Ist der Alte schon zu Hause?

Hedwig. Ja, Großvater sitzt drin und schreibt.

Hjalmar. Hat er etwas gesagt?

Gina. Nein, was hätte er denn sagen sollen?

Hjalmar. Hat er nicht erzählt, daß –? Ich glaube gehört zu haben, er wäre bei Gråberg gewesen. Ich will ein bißchen zu ihm hineingehen.

Gina. Nee, nee, laß man –

Hjalmar. Wieso? Hat er gesagt, er will mich nicht drin haben?

Gina. Er will heut *niemand* drin haben –

Hedwig *macht ein Zeichen*. Hm – hm!

Gina *merkt es nicht*. – er ist hier gewesen und hat sich warmes Wasser geholt –

Hjalmar. Aha! nun sitzt er und –?

Gina. Wird schon so sein.

Hjalmar. Herrgott, – mein armer, alter, greiser Vater –! Ja, laßt ihn nur sitzen und sich recht ordentlich was zugute tun.

*Der **alte Ekdal** im Hausrock mit brennender Tabakspfeife kommt aus seinem Zimmer.*

Ekdal. Wieder da? 's war mir doch auch, als hört' ich Deine Stimme.

Hjalmar. Diesen Augenblick bin ich gekommen.

Ekdal. Du hast mich wohl nicht gesehen, Du?

Hjalmar. Nein; aber es hieß, Du wärst durchs Zimmer gegangen –; und da bin ich Dir nachgekommen.

Ekdal. Hm, nett von Dir, Hjalmar. – Was waren denn das eigentlich alles für Leute?

Hjalmar. O, so allerlei Leute. Da war der Kammerherr Flor und Kammerherr Balle und Kammerherr Kaspersen und Kammerherr Soundso; was weiß ich –

Ekdal *nickt*. Hast Du gehört, Gina! Er ist mit lauter Kammerherren zusammengewesen.

Gina. Ja, das geht jetzt riesig fein zu in dem Haus.

Hedwig. Haben die Kammerherren gesungen, Vater? Oder was vorgetragen?

Hjalmar. Nein, sie haben nur gekohlt. Und dann verlangten sie von *mir*, ich sollte ihnen was vordeklamieren; aber dazu kriegten sie mich nicht.

Ekdal. Kriegten sie Dich nicht?

Gina. Das hättest Du aber doch tun können.

Hjalmar. Nein; man braucht doch nicht gleich nach eines jeden Pfeife zu tanzen. *Spaziert im Zimmer umher. Ich* wenigstens tu's nicht.

Ekdal. I nein, Hjalmar, der ist nicht so ohne weiteres zu haben.

Hjalmar. Ich weiß nicht, warum gerade *ich* für die Unterhaltung sorgen soll, wenn ich einmal unter Menschen gehe. Laß die anderen sich doch anstrengen. Die Bande geht da von einer Futterstelle zur andern und frißt und säuft tagaus, tagein. So sollen sie sich auch hübsch nützlich machen für das viele gute Essen, das sie kriegen.

Gina. Das hast Du doch wohl nicht gesagt?

Hjalmar *trällernd*. Ho – ho – ho –; sie haben so allerhand zu hören bekommen.

Ekdal. Und das hast Du den Kammerherren ins Gesicht gesagt!

Hjalmar. Wird schon so gewesen sein. *Hinwerfend*. Und später hatten wir einen kleinen Disput über Tokajer.

Ekdal. Tokayer? Du, das ist ein feiner Wein!

Hjalmar *bleibt stehen*. Er *kann* fein sein. Aber ich will Dir sagen, nicht alle Jahrgänge sind gleich fein; es kommt ganz darauf an, wieviel Sonne die Trauben bekommen haben.

Gina. Nein, Du weißt aber auch alles, Ekdal.

Ekdal. Und darüber fingen sie zu disputieren an?

Hjalmar. Sie wollten's versuchen; aber dann wurde ihnen begreiflich gemacht, daß es mit den Kammerherren genau dasselbe wäre. Von denen wären auch nicht alle Jahrgänge gleich fein – wurde gesagt!

Gina. Nein, auf was Du nicht alles kommst!

Ekdal. He – he! Und das kriegten sie unter die Nase gerieben?

Hjalmar. Ins Gesicht kriegten sie's.

Ekdal. Du, Gina, er hat's den Kammerherren ins Gesicht gesagt.

Gina. Nein, denk nur, ins Gesicht.

Hjalmar. Ja, aber ich wünsche nicht, daß darüber gesprochen wird. So etwas erzählt man nicht weiter. Die ganze Sache verlief ja auch natürlich in aller Freundschaft. Es waren ja doch nette, gemütliche Leute; weshalb sollte ich sie denn verletzen? Nein!

Ekdal. Aber, ins Gesicht –

Hedwig *schmeichelnd*. Wie famos Du im Frack aussiehst. Der Frack kleidet Dich fein, Vater.

Hjalmar. Ja, nicht wahr? Und der hier paßt mir wirklich ganz großartig. Er sitzt wie angegossen; – vielleicht 'ne Idee zu eng unter'm Arm –; hilf mir, Hedwig. *Zieht den Frack aus.* Ich ziehe lieber die Jacke an. Wo ist die Jacke, Gina?

Gina. Da ist sie. *Bringt die Jacke und hilft ihm.*

Hjalmar. So! Vergiß nur nicht, daß Molvik den Frack gleich morgen früh wiederbekommt.

Gina *legt den Frack hin*. Wird schon besorgt.

Hjalmar *reckt sich*. Ah, das ist doch viel gemütlicher. Und so eine lose und bequeme Haustracht paßt auch besser zu meiner ganzen Erscheinung. Meinst Du nicht auch, Hedwig?

Hedwig. Ja, Vater!

Hjalmar. Besonders, wenn ich die Kravatte so in zwei flatternde Enden schlinge –; sieh mal, so –! – Was?

Hedwig. Ja, das steht gut zu dem Knebelbart und dem dichten, krausen Haar.

Hjalmar. Kraus möchte ich es eigentlich nicht nennen, eher noch lockig.

Hedwig. Ja, denn es ist so langgekraust.

Hjalmar. Eigentlich gelockt.

Hedwig *nach kurzer Pause, zupft ihn an der Jacke*. Vater!

Hjalmar. Na, was ist?

Hedwig. O, das weißt Du ganz gut.

Hjalmar. Ich weiß wirklich nicht; – nein.

Hedwig *lachend und weinerlich*. O doch, Vater; Du darfst mich jetzt nicht länger quälen!

Hjalmar. Aber was *ist* denn?

Hedwig *rüttelt ihn*. Unsinn! Gib es nur jetzt her, Vater! Du weißt doch – das Gute, das Du mir versprochen hast.

Hjalmar. Ach! Herrgott – daß ich das vergessen mußte!

Hedwig. Vater, Du willst mich nur necken. Schäm' Dich! Wo hast Du es denn?

Hjalmar. Ich habe es wahrhaftig vergessen. Aber wart' einmal! Ich habe doch noch etwas für Dich, Hedwig. *Geht und sucht in den Fracktaschen.*

Hedwig *springt umher und klatscht in die Hände*. Ach, Mutter, Mutter!

Gina. Siehst Du, wenn Du nur Geduld hast, so –

Hjalmar *mit einem Papier*. Sieh – da ist er.

Hedwig. *Das* da? Das ist ja bloß ein Stück Papier.

Hjalmar. Du, das ist der Speisezettel. Der ganze Speisezettel. Da steht „Menü"; das heißt Speisezettel.

Hedwig. Sonst hast Du nichts?

Hjalmar. Du hörst doch, das andere habe ich vergessen. Aber Du kannst mir auf mein Wort glauben: die Leckereien, die sind nur ein armseliges Vergnügen. Setz' Dich jetzt nur an den Tisch und lies die Karte vor: dann werde ich Dir beschreiben, wie die Gerichte schmecken. Da, – Hedwig.

Hedwig *würgt die Tränen hinunter*. Danke. *Sie setzt sich, jedoch ohne zu lesen; Gina macht ihr Zeichen; Hjalmar merkt es.*

Hjalmar *geht im Zimmer umher*. Ein Familienvater soll aber auch an die unglaublichsten Dinge denken; und vergißt er nur einmal die kleinste Kleinigkeit, gleich sieht er saure Mienen! Na, man gewöhnt sich auch an so etwas. *Bleibt neben dem Alten am Ofen stehen.* Hast Du heut abend da hinein geguckt, Vater?

Ekdal. Kannst Du Dir doch wohl denken. Sie ist in den Korb.

Hjalmar. So? In den Korb? Sie fängt also an, sich dran zu gewöhnen.

Ekdal. Ja, freilich; das habe ich doch vorausgesagt. Da sind nun aber doch einige kleine Sachen –

Hjalmar. Etliche Verbesserungen, ja.

Ekdal. Die aber doch gemacht werden *müssen*.

Hjalmar. Ja, reden wir ein bißchen von den Verbesserungen, Vater. Komm her, setzen wir uns aufs Sofa.

Ekdal. Schön! Hm! – Will aber erst noch die Pfeife stopfen; – muß sie wohl auch reinigen. Hm.

Ab in sein Zimmer.

Gina *lächelt Hjalmar zu*. Die Pfeife reinigen, Du!

Hjalmar. Na ja, ja, Gina, laß ihn nur –; den armen schiffbrüchigen Greis. – Ja, die Verbesserungen, – es ist das beste, wir machen sie gleich morgen.

Gina. Morgen wirst Du wohl keine Zeit haben, Ekdal.

Hedwig *einfallend*. O doch, Mutter.

Gina. – denn vergiß nicht die Kopien, die retussiert werden müssen. Die Leute haben schon so oft danach geschickt.

Hjalmar. So! Also wieder die Kopien! *Die* werden schon noch fertig. Sind vielleicht neue Bestellungen gekommen?

Gina. Leider nein; morgen habe ich bloß die beiden Porträts, wie Du weißt.

Hjalmar. Sonst nichts? Natürlich, wenn man die Hände in den Schoß legt –

Gina. Aber was soll ich denn tun? Ich meine, ich rücke es doch soviel wie möglich in die Zeitungen ein.

Hjalmar. Ach, in die Zeitungen, in die Zeitungen! Du siehst ja, was *das* nützt. Und wegen der Stube, da war wohl auch niemand da?

Gina. Nein, noch nicht.

Hjalmar. Das war ja zu erwarten. Wenn man sich nicht umtut, so –. Man muß sich ordentlich zusammennehmen, Gina!

Hedwig *geht zu ihm*. Soll ich Dir nicht die Flöte holen, Vater?

Hjalmar. Nein; keine Flöte; ich brauche keine Freuden auf dieser Welt. *Geht umher.* Ja, morgen will ich arbeiten, daß es 'ne Art hat. *Da*ran soll es nicht fehlen. Ich werde arbeiten, soweit meine Kräfte reichen –

Gina. Aber liebster, bester Ekdal, so habe ich das ja gar nicht gemeint.

Hedwig. Vater, soll ich nicht eine Flasche Bier hereinholen?

Hjalmar. Nein, auf keinen Fall. Nur keine Umstände für mich. *Bleibt stehen.* Bier? – Hast Du von Bier gesprochen?

Hedwig *lebhaft*. Ja, Vater; schönes, frisches Bier.

Hjalmar. Na, – wenn Du durchaus willst, so hol' meinetwegen eine Flasche herein.

Gina. Ja, tu das; dann werden wir es uns gemütlich machen.

Hedwig läuft auf die Küchentür zu.

Hjalmar *am Ofen, hält sie auf, sieht sie an, nimmt ihren Kopf in seine Hände und drückt sie an sich*. Hedwig! Hedwig!

Hedwig *froh und in Tränen*. O, Du lieber Vater!

Hjalmar. Nein, nenn mich nicht so! Da hab' ich nun am Tisch des reichen Mannes gesessen und zugegriffen, – habe gesessen und geschwelgt an der strotzenden Tafel! – Und doch konnte ich –!

Gina *am Tische sitzend*. Ach, Unsinn, Unsinn, Ekdal.

Hjalmar. Doch! Aber Ihr dürft es nicht so genau mit mir nehmen. Ihr wißt ja, daß ich Euch doch lieb habe.

Hedwig *umarmt ihn*. Und wir haben Dich so furchtbar lieb, Vater!

Hjalmar. Und wenn ich dann und wann einmal ungemütlich sein sollte, so – Herrgott – so vergeßt nicht, daß ich ein Mann bin, der von einem Heer von Sorgen bestürmt wird. Na! *Trocknet die Augen.* Kein Bier in solchem Augenblick. Gib mir die Flöte.

Hedwig läuft an das Regal und holt sie.

Hjalmar. Danke schön! So ist es recht. Mit der Flöte in der Hand und mir zur Seite Ihr beiden – o!

Hedwig setzt sich zu Gina an den Tisch; Hjalmar geht auf und ab, setzt kräftig ein und spielt einen böhmischen Volkstanz, aber in langsamem, elegischem Tempo und mit gefühlvollem Vortrag.

Hjalmar *bricht ab im Spiel, reicht Gina die linke Hand und sagt bewegt*: Mag's immerhin eng und ärmlich unter unserem Dache sein, Gina – es ist doch eine Heimstatt. Und ich sage Euch: hier ist gut sein!

Beginnt wieder zu spielen; gleich darauf klopft es an der Flurtür.

Gina *steht auf*. Still, Ekdal, – ich glaube, es kommt wer.

Hjalmar *legt die Flöte auf das Regal*. Was ist denn nun schon wieder!

Gina geht und öffnet die Tür.

Gregers Werle *draußen auf dem Flur*. Verzeihung –

Gina *weicht ein wenig zurück*. Oh!

Gregers. – wohnt hier nicht der Photograph Ekdal?

Gina. Jawohl.

Hjalmar *geht an die Tür*. Gregers? Du bist es doch? Na, so komm nur herein.

Gregers *tritt ein*. Ich habe Dir ja gesagt, ich würde bei Dir vorsprechen.

Hjalmar. Aber heut abend noch –? Du hast die Gesellschaft verlassen?

Gregers. Die Gesellschaft sowohl wie mein väterliches Haus. – Guten Abend, Frau Ekdal. Ich weiß nicht, ob Sie mich noch kennen?

Gina. O ja, der junge Herr Werle ist nicht so schwer zu erkennen.

Gregers. Nein; ich sehe ja meiner Mutter ähnlich; und ihrer entsinnen Sie sich wohl.

Hjalmar. Du hast das Haus verlassen, sagst Du?

Gregers. Jawohl, ich bin in ein Hotel gezogen.

Hjalmar. Ja, so. Na, da Du nun einmal da bist, so leg' ab und nimm Platz.

Gregers. Danke sehr.

Legt den Überzieher ab. Er hat sich umgekleidet und trägt einen einfachen grauen Tuchanzug von ländlichem Schnitt.

Hjalmar. Komm her, aufs Sofa. Mach' es Dir bequem.

Gregers setzt sich aufs Sofa, Hjalmar auf einen Stuhl am Tisch.

Gregers *sieht sich im Zimmer um*. Hier also hausest Du, Hjalmar. Hier also wohnst Du.

Hjalmar. Das hier ist das Atelier, wie Du wohl siehst –

Gina. Aber hier ist mehr Platz, und deshalb halten wir uns am liebsten hier auf.

Hjalmar. Früher wohnten wir besser; aber diese Wohnung hat *einen* großen Vorzug: hier sind prächtige Nebengelasse –

Gina. Und dann haben wir auf der andern Seite des Flurs eine Stube, die wir vermieten können.

Gregers *zu Hjalmar*. So, so, – Du hast auch Aftermieter?

Hjalmar. Nein, noch nicht. Das geht nicht so rasch, sieh mal. Man muß sich umtun. *Zu Hedwig.* Aber, Du, wo bleibt denn das Bier?

Hedwig nickt und geht in die Küche.

Gregers. *Das* ist also Deine Tochter?

Hjalmar. Ja, das ist Hedwig.

Gregers. Und sie ist Euer einziges Kind?

Hjalmar. Sie ist das einzige, jawohl. Sie ist auf der Welt unsere höchste Freude, und – *senkt die Stimme* – sie ist auch unser tiefster Schmerz, Gregers.

Gregers. Was sagst Du da!

Hjalmar. Ja, Gregers; denn es besteht die drohende Gefahr, daß sie das Augenlicht verlieren wird.

Gregers. Blind wird!

Hjalmar. Ja. Bis jetzt sind nur die ersten Anzeichen zu spüren; und es kann ja auch noch eine ganze Weile gut gehen. Aber der Arzt hat es uns vorausgesagt. Es ist unabwendbar.

Gregers. Das ist ja ein schreckliches Unglück. Wie hat sie das bekommen?

Hjalmar *seufzt*. Wahrscheinlich durch Vererbung.

Gregers *betroffen*. Vererbung?

Gina. Ekdals Mutter hatte auch schwache Augen.

Hjalmar. Ja, das sagt Vater; ich kann mich ihrer ja nicht entsinnen.

Gregers. Armes Kind. Und wie trägt sie's?

Hjalmar. Ach, Du kannst Dir wohl denken, daß wir's nicht übers Herz bringen, ihr so etwas zu sagen. Sie hat keine Ahnung von der Gefahr. Froh und sorglos und zwitschernd wie ein kleiner Vogel flattert sie hinein in die ewige Nacht des Lebens. *Überwältigt*. O, das ist namenlos hart für mich, Gregers.

Hedwig bringt einen Präsentierteller mit Bier und Gläsern und stellt ihn auf den Tisch.

Hjalmar *ihr Haar streichelnd*. Danke, danke, Hedwig.

Hedwig schlingt den Arm um seinen Hals und flüstert ihm etwas ins Ohr.

Hjalmar. Nein. Butterbrot jetzt nicht. *Mit einem Blick auf Gregers*. Oder vielleicht nimmt Gregers einen Bissen?

Gregers *ablehnend*. Nein, nein, danke.

Hjalmar *noch immer wehmütig*. Na, bring man doch ein bißchen. Wenn Du eine Kante hättest, so wär' es mir lieb. Und spar' mir nur ja die Butter nicht, Du.

Hedwig nickt vergnügt und geht wieder in die Küche.

Gregers, *der ihr mit den Blicken gefolgt ist*. Sonst sieht sie recht frisch und gesund aus, finde ich.

Gina. Sonst hat sie ja auch, Gott sei Dank, kein Manko nicht.

Gregers. Sie wird Ihnen gewiß mit der Zeit ähnlich werden, Frau Ekdal. Wie alt ist sie jetzt eigentlich?

Gina. Hedwig ist nun bald akkurat vierzehn Jahre. Sie hat übermorgen Geburtstag.

Gregers. Dann ist sie ziemlich groß für ihr Alter.

Gina. Ja, im letzten Jahr ist sie mächtig in die Höhe geschossen.

Gregers. An denen, die heranwachsen, sieht man am besten, wie alt man selber wird. – Wie lange sind Sie nun schon verheiratet?

Gina. Verheiratet sind wir jetzt so die –; jawohl, bald fünfzehn Jahre.

Gregers. Denken Sie nur an, so lange schon!

Gina *wird aufmerksam; sieht ihn an*. Jawohl – allerdings.

Hjalmar. Ja, gewiß. Es fehlen ein paar Monate an fünfzehn Jahren. *Geht darüber hinweg. Dir* muß die Zeit da oben auf dem Werk recht lang geworden sein, Gregers.

Gregers. Jawohl, – während ich sie durchlebte; – jetzt hinterher weiß ich kaum, wo die Zeit geblieben ist.

*Der **alte Ekdal** kommt aus seinem Zimmer, ohne Pfeife, aber mit seiner alten Militärmütze auf dem Kopfe; sein Gang ist ein wenig unsicher.*

Ekdal. So, Hjalmar, nun können wir uns setzen und über die Geschichte reden – hm. Was ist denn das da?

Hjalmar *geht ihm entgegen*. Vater, da ist wer. Gregers Werle –. Ich weiß nicht, ob Du Dich seiner noch erinnerst.

Ekdal *sieht Gregers an, der aufgestanden ist*. Werle? Ist das der Sohn, das? Was will er von mir?

Hjalmar. Nichts. Er besucht *mich*.

Ekdal. Na, dann ist also weiter nichts los?

Hjalmar. Kein Gedanke – nein.

Ekdal *schwingt die Arme*. Nicht *des*wegen, siehst Du. Ich bin nicht bange, aber –

Gregers *geht auf ihn zu*. Ich wollte Sie nur von den alten Jagdgründen grüßen, Herr Leutnant.

Ekdal. Jagdgründen?

Gregers. Jawohl, beim Höjdalswerk da oben.

Ekdal. Ach so, da oben. Ja, da war ich gut bekannt dazumal.

Gregers. Sie waren damals ein gewaltiger Jäger.

Ekdal. I freilich. Wird wohl so sein. Sie sehen die Montur an. Ich frage keinen um Erlaubnis, ob ich sie hier drin tragen darf. Wenn ich nur nicht damit auf die Straße gehe, so –

Hedwig bringt einen Teller mit Butterbrot, den sie auf den Tisch stellt.

Hjalmar. Nun setz' Dich, Vater, und nimm ein Glas Bier. Bitte, Gregers.

Ekdal murmelt etwas und stolpert nach dem Sofa. Gregers setzt sich auf den ihm zunächst stehenden Stuhl, Hjalmar an Gregers' andere Seite. Gina sitzt ein wenig vom Tische entfernt und näht. Hedwig steht bei ihrem Vater.

Gregers. Wissen Sie noch, Herr Leutnant, wie Hjalmar und ich da oben zu Ihnen auf Besuch kamen im Sommer und um die Weihnachtszeit?

Ekdal. So? Taten Sie das? Nein, nein, nein, – habe keine Ahnung. Aber darf schon sagen, bin 'n scharfer Jäger gewesen. Habe auch Bären geschossen. Habe an die neun Stück geschossen.

Gregers *sieht ihn teilnehmend an.* Und nun gehen Sie gar nicht mehr auf die Jagd.

Ekdal. O, sagen Sie das nicht, mein Lieber. Tu schon noch jagen ab und zu mal. Freilich nicht auf *die* Art! Denn der Wald, sehen Sie, – der Wald, der Wald –! *Trinkt.* Was macht der Wald? Ist er schön?

Gregers. Nicht so stolz als wie zu Ihrer Zeit. Er ist stark gelichtet.

Ekdal. Gelichtet? *Leiser, gleichsam ängstlich.* Das ist 'n gefährliches Geschäft. Das bleibt nicht ohne Folgen. Der Wald, der hat Rache.

Hjalmar *füllt ihm das Glas.* Bitt' schön, Vater; noch einen Schluck.

Gregers. Wie kann ein Mann wie Sie – so ein Freiluftmensch – mitten in einer qualmigen Stadt, zwischen vier engen Wänden leben?

Ekdal *kichert und zwinkert zu Hjalmar hinüber.* Ach, hier ist es so übel nicht. Gar nicht so übel.

Gregers. Aber wo ist hier das zu finden, womit Ihr Herz verwachsen ist? Die frische, erquickende Luft, das freie Leben im Walde und auf der Halde, unter Wild und Vögeln –?

Ekdal *lächelt*. Hjalmar, wollen wir's ihm zeigen?

Hjalmar *schnell und ein wenig verlegen*. Ach nein, Vater, nein; heut nicht.

Gregers. Was will er mir zeigen?

Hjalmar. Ach, es ist weiter nichts –; Du siehst es schon noch ein ander Mal.

Gregers *fährt, zum Alten gewendet, fort*. Was ich eigentlich sagen wollte, Herr Leutnant: Sie sollten mit mir da hinauf kommen; denn ich reise schon bald wieder ab. Sie können da auch Schreibarbeit bekommen. Und hier haben Sie ja doch absolut nichts, was Sie trösten oder erquicken könnte.

Ekdal *starrt ihn erstaunt an*. Ich habe absolut nichts, was – –!

Gregers. Na ja, Sie haben Hjalmar; aber der hat doch wieder seine Familie. Und ein Mann wie Sie, der sich immer hingezogen fühlte zu allem Freien und Urwüchsigen –

Ekdal *schlägt auf den Tisch*. Hjalmar, nun *soll* er es sehen!

Hjalmar. Vater, so laß doch, – wozu denn? Es ist ja dunkel –

Ekdal. Unsinn! Es ist doch Mondschein. *Steht auf.* Er *soll* es sehen, sage ich. Laß mich durch. Komm, Hjalmar, und hilf mir!

Hedwig. Ach ja, tu's, Vater!

Hjalmar *steht auf.* Na, meinetwegen.

Gregers *zu Gina*. Was ist denn eigentlich?

Gina. Ach, glauben Sie nur nicht, daß es weiter was Besonderes ist.

Ekdal und Hjalmar sind zur Rückwand gegangen und schieben von der Tür jeder einen Flügel zur Seite; Hedwig hilft dem Alten; Gregers bleibt am Sofa stehen; Gina näht unbekümmert weiter. Durch die Türöffnung wird ein großer, langgestreckter Bodenraum von unregelmäßiger Gestalt mit Gewinkel und ein paar freistehenden Schornsteinen sichtbar. Dachluken, durch die das klare Mondlicht auf einzelne Teile des großen Raumes fällt; andere liegen in tiefem Schatten.

Ekdal *zu Gregers.* Dürfen schon näher treten, Sie!

Gregers *geht zu ihnen.* Was ist denn das eigentlich ?

Ekdal. Können ja selbst nachsehen! Hm!

Hjalmar *ein wenig verlegen.* Das gehört *Vater*, weißt Du.

Gregers *an der Tür, sieht in den Bodenraum.* Sie halten ja Hühner, Herr Leutnant!

Ekdal. Und ob wir Hühner halten! Sie sind jetzt ausgeflogen. Aber Sie sollten die Hühner nur mal bei Tage sehen, Sie!

Hedwig. Und dann ist auch – –

Ekdal. Pst – pst! Noch nichts sagen.

Gregers. Und Tauben, sehe ich, haben Sie auch.

Ekdal. O ja! Werden schon auch Tauben haben! Die haben ihre Brutkästen da oben unter der Dachtraufe; denn die Tauben, die wollen gern recht hoch sitzen, wissen Sie.

Hjalmar. Das ist auch nicht alles eine gewöhnliche Sorte Tauben.

Ekdal. Gewöhnliche Sorte! Meiner Treu, nein. Wir haben Tummler; und ein paar Kropftauben haben wir auch. Aber kommen Sie nur her! Sehen Sie den Kasten da hinten an der Wand?

Gregers. Ja, wozu brauchen Sie den?

Ekdal. Da liegen die Kaninchen des Nachts, mein Lieber.

Gregers. So? Kaninchen haben Sie auch?

Ekdal. Donnerwetter ja, das können Sie sich doch denken, daß wir Kaninchen haben. Du, Hjalmar, er fragt, ob wir Kaninchen haben! Hm! Aber nun kommt das Wahre, sehen Sie. Nun kommt es! Geh Weg da, Hedwig. Stellen Sie sich hierher; so; ja, – und nun sehen Sie da hinunter. – Sehen Sie da nicht einen Korb mit Stroh drin?

Gregers. Ja. Und ich sehe, es liegt ein Vogel im Korb.

Ekdal. Hm! – „ein Vogel“ –

Gregers. Ist das nicht eine Ente?

Ekdal *verletzt.* Wird schon so sein.

Hjalmar. Aber was für eine Ente, glaubst Du?

Hedwig. Das ist keine gemeine Ente –

Ekdal. Pst!

Gregers. Und eine türkische Ente ist es auch nicht.

Ekdal. Nein, Herr – Werle; das ist keine türkische Ente; denn das ist eine Wildente.

Gregers. Wirklich? Eine wilde Ente?

Ekdal. Jaha, so ist's. Der „Vogel“, wie Sie sagten, – der ist eine Wildente. *Unsere* Wildente, mein Lieber.

Hedwig. *Meine* Wildente. Denn *mir* gehört sie.

Gregers. Und die kann hier oben auf dem Boden leben? Und gedeihen?

Ekdal. Natürlich hat sie einen Trog mit Wasser, wo sie drin planschen kann.

Hjalmar. Einen Tag um den anderen kriegt sie frisches Wasser.

Gina *wendet sich zu Hjalmar.* Aber lieber Ekdal, Du, es wird hier eiskalt.

Ekdal. Hm, dann wollen wir zumachen. Lohnt sich auch nicht, sie in der Nachtruhe zu stören. Faß an, Hedwig.

Hjalmar und Hedwig schieben die Bodentür zu.

Ekdal. Ein ander Mal können Sie sich sie ordentlich ansehen. *Setzt sich in den Lehnstuhl am Ofen.* Sie, glauben Sie man, die Wildenten, das ist was ganz Merkwürdiges.

Gregers. Wie haben Sie sie denn nur gefangen, Herr Leutnant?

Ekdal. Habe sie gar nicht gefangen. Wir verdanken sie hier wem in der Stadt.

Gregers *stutzt ein wenig.* Doch wohl nicht etwa meinem Vater?

Ekdal. Gewiß doch. Dem und keinem sonst. Hm.

Hjalmar. Es ist doch komisch, Gregers, wie Du das erraten konntest.

Gregers. Du hast mir ja schon erzählt, daß Du meinem Vater so mancherlei verdankst; und da dachte ich mir so –

Gina. Aber wir haben die Ente nicht von Herrn Werle selbst –

Ekdal. Deshalb verdanken wir sie Håken Werle doch, Gina. *Zu Gregers.* Er war mit seinem Boot draußen, wissen Sie, und da schoß er auf sie. Aber er hat doch man schwache Augen, Ihr Vater. Hm; und da wurde sie nur angeschossen.

Gregers. Na ja; sie hat ein paar Schrotkörner abgekriegt.

Hjalmar. Ja, vielleicht drei oder vier Stück.

Hedwig. Sie hat sie unter den Flügel gekriegt und da konnte sie nicht fliegen.

Gregers. Und da ging sie wohl in die Tiefe?

Ekdal *schläfrig mit schwerer Zunge.* Ist doch natürlich. Machen die Wildenten immer. Sinken, – bis es nicht mehr weiter geht, mein Lieber; – beißen sich fest in Tang und Algen – und dem Teufelszeug, das sonst noch da unten ist. Und dann kommen sie nie wieder herauf.

Gregers. Aber *Ihre* Wildente ist doch wieder heraufgekommen, Herr Leutnant.

Ekdal. Er hatte so einen fabelhaft scharfen Hund, Ihr Vater. – Und der Hund – der tauchte nach und holte die Ente wieder herauf.

Gregers *zu Hjalmar gewendet.* Und da habt Ihr sie bekommen?

Hjalmar. Nicht gleich; erst kam sie zu Deinem Vater ins Haus; aber da wollte sie nicht recht gedeihen. Und da erhielt Pettersen den Auftrag, sie zu schlachten–

Ekdal *halb im Schlaf.* Hm – ja, Pettersen – der Schafskopf –

Hjalmar *spricht leiser.* Auf diesem Wege, siehst Du, haben wir sie bekommen; denn Vater kennt Pettersen ein bißchen; und als er die Geschichte mit der Wildente hörte, da setzte er es durch, daß sie ihm überlassen wurde.

Gregers. Und da drin auf dem Boden, da gedeiht sie nun famos?

Hjalmar. Na, und ob! Sie ist fett geworden. Na, nun ist sie ja auch schon so lange da drin, daß sie das alte wilde Leben ganz vergessen hat. Und das ist ja doch die Hauptsache.

Gregers. Da hast Du ganz recht, Hjalmar. Laß sie nur nicht einmal Himmel und Meer sehen –. Aber jetzt darf ich nicht länger bleiben; denn ich glaube, Dein Vater schläft.

Hjalmar. Ach, deshalb –

Gregers. Richtig, ja, – hast Du nicht gesagt, Du hättest ein Zimmer zu vermieten, – ein unbewohntes Zimmer?

Hjalmar. Ja. Was ist damit? Weißt Du vielleicht wen –?

Gregers. Kann *ich* das Zimmer haben?

Hjalmar. Du?

Gina. Nicht doch –, Herr Werle –

Gregers. Kann ich das Zimmer haben? Dann ziehe ich gleich morgen früh ein.

Hjalmar. Aber mit dem größten Vergnügen –

Gina. Nicht doch, Herr Werle, das ist gar kein Zimmer für *Sie*.

Hjalmar. Aber Gina, wie kannst Du nur so etwas sagen?

Gina. Doch. Denn das Zimmer ist weder groß genug, noch hell genug, und –

Gregers. Das kommt nicht so genau drauf an, Frau Ekdal.

Hjalmar. Ich sollte doch meinen, es ist ein ganz hübsches Zimmer; und auch gar nicht so übel möbliert.

Gina. Aber vergiß nicht die beiden, die drunter wohnen.

Gregers. Was sind denn das für Leute?

Gina. Ach, einer, der Hauslehrer gewesen ist, –

Hjalmar. Ein gewisser Kandidat Molvik.

Gina. – und dann ein Doktor, der Relling heißt.

Gregers. Relling? Den kenne ich oberflächlich; er hat eine Zeitlang oben auf Höjdal praktiziert.

Gina. Das sind so recht ein paar weitläuftige Mannsbilder. Abends gehen sie oft auf den Bummel, und dann kommen sie nachts mächtig spät nach Haus, und da sind sie nicht immer so –

Gregers. An so etwas gewöhnt man sich bald. Ich hoffe, es geht mir, wie der Wildente –

Gina. Hm, ich meine, Sie sollten es noch erst eine Nacht überschlafen.

Gregers. Sie nehmen mich wohl sehr ungern ins Haus, Frau Ekdal?

Gina. I Gott, wie können Sie so was glauben?

Hjalmar. Ja, es ist wirklich sonderbar von Dir, Gina. *Zu Gregers.* Doch sag' mal, Du gedenkst nun fürs erste in der Stadt zu bleiben?

Gregers *zieht seinen Überzieher an.* Ja, ich gedenke jetzt hier zu bleiben.

Hjalmar. Aber nicht in Deinem väterlichen Hause? Was willst Du denn anfangen?

Gregers. Ja, Du, wenn ich *das* nur wüßte – dann wäre ich nicht so übel dran. Aber wenn man das Kreuz hat, Gregers zu heißen – „Gregers“ – und auch noch „Werle“; Du, hast Du schon mal so etwas Ekliges gehört?

Hjalmar. Ach, das finde ich gar nicht.

Gregers. Äh! Pfui! Ich hätte Lust, den Kerl anzuspucken, der so heißt. Aber wenn man nun einmal das Kreuz hat, Gregers – Werle zu sein auf dieser Welt, wie ich es bin –

Hjalmar *lacht.* Haha, wenn Du nicht Gregers Werle wärst, was möchtest Du denn sonst sein?

Gregers. Hätte ich die Wahl, so möchte ich am liebsten ein flinker Hund sein.

Gina. Ein Hund!

Hedwig *unwillkürlich.* Ach nein?!

Gregers. Ja, ein Hund, ein rechter Ausbund von Flinkheit, so einer, der untertaucht nach Wildenten, wenn sie sinken und sich in Tang und Algen festbeißen unten im Morast.

Hjalmar. Weißt Du was, Gregers, – davon verstehe ich keine Silbe.

Gregers. Ach, einen besonderen Sinn hat es auch nicht. Na, also morgen früh – ziehe ich ein. *Zu Gina.* Viel Arbeit werden Sie mit mir nicht haben; denn ich mache alles selbst. *Zu Hjalmar.* Morgen reden wir weiter. – Gute Nacht, Frau Ekdal. *Nickt Hedwig zu.* Gute Nacht!

Gina. Gute Nacht, Herr Werle.

Hedwig. Gute Nacht.

Hjalmar, *der ein Licht angezündet hat.* Einen Augenblick, ich will Dir leuchten; es ist gewiß dunkel auf der Treppe.

Gregers und Hjalmar ab durch die Flurtür.

Gina *sieht vor sich hin, das Nähzeug im Schoß.* War das nicht ein wunderlicher Schnack, er möchte gern ein Hund sein?

Hedwig. Ich will Dir etwas sagen, Mutter, – ich glaube, er hat etwas andres damit gemeint.

Gina. Was sollte denn das gewesen sein?

Hedwig. Das weiß ich nicht; aber es war, wie wenn er etwas andres meinte, als was er sagte – die ganze Zeit.

Gina. Glaubst Du? Ja, sonderbar war's.

Hjalmar *kommt zurück.* Die Lampe brannte noch. *Löscht das Licht aus und stellt es weg.* Na, endlich kann man einen Bissen zu sich nehmen. *Fängt an, Butterbrot zu essen.* Na, siehst Du, Gina, – wenn man sich nur umtut, so –

Gina. Wieso umtut?

Hjalmar. Ja, ist es denn nicht ein Glück, daß wir die Stube endlich einmal vermietet haben. Und denk nur, – an einen Menschen wie Gregers, – an einen alten, guten Freund.

Gina. Ja, ich – ich weiß nicht, was ich dazu sagen soll.

Hedwig. Ach Mutter, Du sollst sehen, wie nett es wird!

Hjalmar. Du bist aber auch sonderbar. Zuerst warst Du wie versessen drauf, die Stube los zu werden; und nun ist es Dir nicht recht.

Gina. Ja, Ekdal, – wenn es bloß ein andrer gewesen wäre, so –. Aber was glaubst Du, wird der alte Werle sagen?

Hjalmar. Der alte Werle? Was kümmert den das?!

Gina. Aber Du kannst Dir doch denken, daß es zwischen denen wieder 'nen Krach gegeben hat, wenn der junge das Haus verläßt. Du weißt ja, wie die beiden miteinander stehen.

Hjalmar. Ja, mag sein, aber –

Gina. Und nun glaubt am Ende der Alte, Du steckst dahinter –

Hjalmar. So laß ihn glauben, was er will! Der alte Werle hat furchtbar viel für mich getan. Herrgott ja, – das erkenne ich an. Aber deshalb kann ich mich doch nicht für ewige Zeiten von ihm abhängig machen.

Gina. Aber, bester Ekdal, vielleicht muß Großvater dran glauben; am Ende verliert er nun das kleine bißchen Verdienst, das er bei Gråberg hat.

Hjalmar. Fast hätte ich gesagt: wenn es doch so käme! Ist es nicht demütigend für einen Mann wie mich, seinen alten grauen Vater wie einen Ausgestoßenen herumlaufen zu sehen? Aber nun ist bald die Zeit erfüllt, denke ich. *Nimmt ein frisches Butterbrot.* Habe ich einmal eine Aufgabe im Leben, so führe ich sie auch durch!

Hedwig. Ach ja, Vater! Tu das!

Gina. Pst; weck ihn man nicht auf!

Hjalmar *leiser.* Ich werde sie durchführen, sage ich. Es wird schon einmal der Tag kommen, da –. Und deshalb ist es gut, daß wir das Zimmer vermietet haben; denn so bin ich unabhängiger gestellt. Und das muß der Mann sein, der eine Aufgabe im Leben hat. *Nach dem Lehnstuhl hin, bewegt.* Armer, alter, greiser Vater. – Vertraue Du nur Deinem Hjalmar. – Der hat breite Schultern; – kraftvolle Schultern wenigstens. – Eines schönen Tages wirst Du erwachen und –. *Zu Gina.* Glaubst Du es vielleicht nicht?

Gina *steht auf.* Ja, gewiß, doch; aber erst wollen wir sehen, wie wir ihn in die Klappe kriegen.

Hjalmar. Ja, das wollen wir.

Sie fassen den Alten behutsam an.

Dritter Akt

Hjalmar Ekdals Atelier.

Es ist Morgen; das Tageslicht fällt durch das große Fenster des Schrägdaches; der Vorhang ist zurückgezogen.

***Hjalmar** sitzt am Tische, mit dem Retouchieren einer Photographie beschäftigt; mehrere alte Bilder liegen vor ihm. Gleich darauf kommt **Gina** in Hut und Mantel durch die Flurtür; sie trägt einen Deckelkorb am Arm.*

Hjalmar. Bist Du schon wieder da, Gina?

Gina. I ja, man muß sich sputen. *Stellt den Korb auf einen Stuhl und legt Hut und Mantel ab.*

Hjalmar. Warst Du bei Gregers drin?

Gina. O ja, das war ich. Bei dem sieht's mal nett aus. Kaum ist er da, so hat er auch schon die schönsten Geschichten angerichtet.

Hjalmar. Wieso?

Gina. Er wollte doch selber alles machen, hat er gesagt. Da wollte er nu auch einheizen; und da hat er die Ofenklappe zugeschraubt, so daß das ganze Zimmer voll Rauch ist. Ujeh, das war ein Gestank, daß man –

Hjalmar. Ach nein!

Gina. Aber das Schönste kommt noch. Nu wollte er nämlich das Feuer löschen, und da goß er das ganze Waschwasser in den Ofen, so daß der ganze Fußboden in Dreck schwimmt.

Hjalmar. Das ist aber doch verdrießlich.

Gina. Ich habe gleich die Portiersfrau heraufgeholt, damit sie bei dem Ferkel reine macht; aber vor heut nachmittag ist da drin kein Bleiben nicht.

Hjalmar. Was fängt er denn nun inzwischen mit sich an?

Gina. Er geht aus, sagte er.

Hjalmar. Ich war auch einen Augenblick bei ihm drin – nachdem Du weg warst.

Gina. Das habe ich gehört. Du hast ihn ja zum Frühstück eingeladen.

Hjalmar. Nur so ein ganz kleiner Vormittagsimbiß, weißt Du. Es ist ja der erste Tag –; wir können nicht gut umhin. Du hast ja doch immer etwas im Hause.

Gina. Ich muß zusehen, wie ich ein bißchen was finde.

Hjalmar. Aber daß es nur nicht zu knapp ist. Denn Relling und Molvik kommen auch herauf, glaube ich. Relling habe ich eben auf der Treppe getroffen, siehst Du, und da mußte ich doch – –

Gina. Was? Kommen die beiden etwa auch noch ?

Hjalmar. Herrgott, – ein paar Leute mehr oder weniger, das macht den Kohl auch nicht fett.

Ekdal *öffnet seine Tür und sieht herein.* Du, Hjalmar, hör' mal – *bemerkt Gina.* Ach so.

Gina. Wollen Sie etwas, Großvater?

Ekdal. Ach nein; ist egal. Hm! *Geht wieder hinein.*

Gina *nimmt den Korb.* Paß nur gut auf ihn auf, daß er nicht ausgeht.

Hjalmar. Ja, ja – wird gemacht. – Du, Gina, ein bißchen Heringssalat wäre ganz famos; denn Relling und Molvik sind diese Nacht wieder ausgewesen auf einem Bummel.

Gina. Wenn sie mir nur nicht zu früh auf den Hals kommen, so –

Hjalmar. Nein, sicher nicht; laß Dir nur Zeit.

Gina. Na ja; und inzwischen kannst Du ja auch noch ein bißchen arbeiten.

Hjalmar. Ich sitze ja und arbeite! Ich arbeite ja, was das Zeug hält.

Gina. Dann bist Du es ja doch los, sieh mal. *Geht mit dem Korb in die Küche.*

Hjalmar *sitzt einige Augenblicke und pinselt auf der Photographie, doch träge und mit Unlust.*

Ekdal *steckt den Kopf durch die Tür, sieht sich im Atelier um und sagt in gedämpftem Ton:* Du, hast Du was zu tun?

Hjalmar. Jawohl, ich sitze hier und quäle mich mit den Bildern da ab –

Ekdal. Ja, ja, natürlich, – wenn Du so viel zu tun hast, so –. Hm! *Geht wieder hinein; die Tür bleibt offen.*

Hjalmar *arbeitet schweigend eine Weile weiter; dann legt er den Pinsel hin und geht an die Tür.* Hast Du zu tun, Vater?

Ekdal *brummt drinnen.* Wenn Du zu tun hast, dann hab' ich auch zu tun. Hm!

Hjalmar. Na ja, jawohl. *Geht wieder an seine Arbeit.*

Ekdal *kommt bald darauf wieder an die Tür.* Hm; weißt Du, Hjalmar, so *riesig* viel zu tun habe ich gerade nicht.

Hjalmar. Ich glaubte, Du säßest und schriebst.

Ekdal. Donnerwetter, der Gråberg, kann der denn nicht noch einen Tag oder zwei warten? Das Leben hängt, soviel ich weiß, doch nicht davon ab.

Hjalmar. Nein, und Du bist doch auch kein Sklave.

Ekdal. Und dann die andere Geschichte da drin –

Hjalmar. Natürlich, ja. Du möchtest wohl hinein? Soll ich Dir aufmachen?

Ekdal. Wäre mir gar nicht so unangenehm.

Hjalmar *erhebt sich.* Dann wären wir die Sache auch los.

Ekdal. I freilich. Soll ja bis morgen früh fertig sein. Denn es *ist* doch morgen? Hm?

Hjalmar. Ja, gewiß ist es morgen.

Hjalmar und Ekdal schieben jeder einen Türflügel zur Seite. Die Morgensonne scheint durch die Dachluken herein; einige Tauben fliegen hin und her, andere girren auf den Stangen; weiter hinten auf dem Boden gackern dann und wann die Hühner.

Hjalmar. Na, nun geh man hinein, Vater.

Ekdal *geht hinein.* Kommst Du nicht mit?

Hjalmar. Ja, sieh mal, – ich glaube schon – *sieht Gina in der Küchentür.* Ich? Nein, ich hab' keine Zeit; ich muß arbeiten. –Aber der Mechanismus, den –

Er zieht an einer Schnur; drinnen gleitet ein Vorhang herab, dessen unterer Teil aus einem Streifen alten Segeltuchs besteht; der obere Teil ist aus einem Stück ausgespannten Fischernetzes hergestellt. Auf diese Weise ist der Fußboden des Raums nicht mehr sichtbar.

Hjalmar *geht an den Tisch.* So; nun werde ich doch wohl einen Augenblick unbehelligt sitzen können.

Gina. Mußte er denn da wieder 'rein und grassieren?

Hjalmar. Er hätte wohl lieber zu Madam Eriksen hinunter laufen sollen? *Setzt sich.* Willst Du etwas? Du sagtest ja –

Gina. Ich wollte nur fragen, ob Du meinst, wir können den Frühstückstisch *hier* decken?

Hjalmar. Ja, – für so früh hat sich doch wohl keiner angesagt?

Gina. Nein; ich erwarte keinen, als bloß die Brautleute, die zusammen sitzen wollen.

Hjalmar. Donnerwetter, daß sie sich nicht einen ändern Tag dafür aussuchen können!

Gina. Nein, lieber Ekdal, – ich habe sie ja doch auf heut Nachmittag bestellt, Ekdalchen, wenn Du schläfst.

Hjalmar. Na, dann ist's gut. Also dann essen wir hier.

Gina. Na ja, schön, aber es eilt noch nicht mit dem Decken; Du kannst den Tisch gut und gern noch eine Weile benutzen.

Hjalmar. Ich meine, Du siehst doch, daß ich hier sitze und den Tisch nach Möglichkeit benutze!!

Gina. Dann bist Du nachher doch auch frei, sieh mal. *Wieder ab in die Küche.*

Kurze Pause.

Ekdal *in der Bodentür hinter dem Netz.* Hjalmar!

Hjalmar. Was?

Ekdal. Fürchte man, wir müssen den Wassertrog doch noch rücken.

Hjalmar. Das habe ich doch immer gesagt.

Ekdal. Hm – hm – hm. *Verläßt die Tür wieder.*

Hjalmar *arbeitet ein wenig, schielt nach dem Boden hin und steht halb auf.*

***Hedwig** kommt aus der Küche.*

Hjalmar *setzt sich schnell wieder hin*. Was willst Du?

Hedwig. Ich wollte bloß zu Dir herein, Vater.

Hjalmar *nach kurzer Pause*. Ich glaube gar, Du gehst hier herum und schnüffelst. Sollst Du vielleicht aufpassen?

Hedwig. Aber ganz und gar nicht.

Hjalmar. Was macht denn Mutter jetzt draußen?

Hedwig. Ach, Mutter, die steht mitten im Heringssalat. *Geht an den Tisch.* Könnte ich Dir nicht mit irgend was helfen, Vater?

Hjalmar. Ach nein. Ich tue schon lieber alles allein, – soweit die Kräfte reichen. Es hat keine Not, Hedwig; wenn nur Dein Vater gesund bleibt, –

Hedwig. Nicht doch, Vater! Du sollst nicht so häßlich daherreden. *Sie geht im Zimmer umher, bleibt in der Türöffnung stehen und sieht in den Boden hinein.*

Hjalmar. Du – was macht er denn da?

Hedwig. Wahrscheinlich einen neuen Weg zum Wassertrog.

Hjalmar. Das bringt er doch nun und nimmer allein zu stande! Und da muß *ich* verurteilt sein, hier zu sitzen –!

Hedwig *geht zu ihm*. Gib *mir* den Pinsel, Vater. Ich kann's schon.

Hjalmar. Ach was; Du verdirbst Dir nur die Augen damit.

Hedwig. I bewahre. So gib doch nur den Pinsel.

Hjalmar *steht auf*. Na, es dauert ja auch bloß eine oder zwei Minuten.

Hedwig. I, was sollte denn das schaden? *Nimmt den Pinsel.* So –. *Setzt sich.* Und hier habe ich ja auch eins als Vorlage.

Hjalmar. Aber verdirb Dir die Augen nicht! Hörst Du wohl? *Ich* will nicht die Verantwortung haben; Du mußt selbst die Verantwortung tragen, – das sage ich Dir.

Hedwig *retouchiert*. Jawohl, das werde ich schon.

Hjalmar. Du bist mächtig geschickt, Hedwig. Nur ein paar Minuten, verstehst Du.

Er schlüpft zwischen Tür und Vorhang in den Bodenraum. Hedwig sitzt bei ihrer Arbeit. Man hört, wie Hjalmar und Ekdal drin disputieren.

Hjalmar *erscheint hinter dem Netz.* Hedwig, ach gib mir mal die Zange, die da auf dem Gesims liegt. Und den Hammer auch. *Wendet sich zurück.* Nun sollst Du mal sehen, Vater. Bitte, ich möchte Dir erst zeigen, wie ich es meine!

Hedwig hat das verlangte Werkzeug vom Regal geholt und gibt es ihm hinein.

Hjalmar. Danke schön. Ein wahres Glück, Du, daß ich dazu gekommen bin.

Verläßt die Türöffnung; sie tischlern und reden drinnen. Hedwig bleibt stehen und sieht ihnen zu. Bald darauf klopft es an der Flurtür. Sie bemerkt es nicht.

Gregers Werle *kommt barhäuptig und ohne Überzieher herein und bleibt eine Weile an der Tür stehen.* Hm –!

Hedwig *wendet sich um und geht ihm entgegen.* Guten Morgen. Bitte, treten Sie näher.

Gregers. Danke sehr. *Sieht nach dem Boden hin.* Mir scheint, Sie haben Handwerker im Hause.

Hedwig. Nein, das sind bloß Vater und Großvater. Aber ich will ihnen sagen, daß –

Gregers. Nein, – bitte nicht; ich warte lieber eine Weile. *Setzt sich aufs Sofa.*

Hedwig. Hier ist es so unordentlich –

Will die Photographien wegräumen.

Gregers. Ach, lassen Sie nur liegen. Die Bilder, die sollen wohl fertig werden?

Hedwig. Ja, ich sollte Vater ein bißchen dabei helfen.

Gregers. Lassen Sie sich durch mich nur nicht stören.

Hedwig. O nein.

Sie schiebt die Sachen zu sich heran und setzt sich an die Arbeit. Indessen sieht Gregers ihr schweigend zu.

Gregers. Hat die Wildente heute nacht gut geschlafen?

Hedwig. Danke sehr, ich glaube schon.

Gregers *nach dem Bodenraum gewendet.* Bei Tage sieht es ganz anders aus als gestern bei Mondschein.

Hedwig. Ja, es kann unendlich verschieden sein. Des Morgens sieht es anders aus als nachmittags; und wenn es regnet, sieht es anders aus als bei gutem Wetter.

Gregers. Haben Sie das beobachtet?

Hedwig. Ja, das sieht man doch.

Gregers. Sind Sie auch gern da drin bei der Wildente?

Hedwig. Ja, wenn es sich machen läßt, so –

Gregers. Aber Sie haben wohl nicht so viel freie Zeit. Sie gehen ja doch zur Schule.

Hedwig. Nein, jetzt nicht mehr. Denn Vater ist bange, ich verderbe mir die Augen.

Gregers. So? Dann gibt er Ihnen wohl selbst Unterricht?

Hedwig. Vater hat versprochen, mir welchen zu geben; aber er hat noch keine Zeit dazu gehabt.

Gregers. Ist denn sonst niemand da, der sich Ihrer ein bißchen annimmt ?

Hedwig. Ja, der Kandidat Molvik; aber er ist nicht immer so – so ganz richtig –

Gregers. Betrunken?

Hedwig. Ja freilich.

Gregers. Na, dann haben Sie ja Zeit zu allerhand. Und da drin, das ist wohl so eine Welt für sich, – wie?

Hedwig. Ja, ganz und gar. Und dann sind da so viel merkwürdige Dinge.

Gregers. So?

Hedwig. Ja, da sind große Schränke mit Büchern, und in vielen Büchern sind Bilder.

Gregers. Aha!

Hedwig. Und dann ist da eine alte Schatulle mit Schubladen und Klappen und eine große Uhr mit Figuren, die herauskommen können. Aber die Uhr geht nicht mehr.

Gregers. Die Zeit ist also stehen geblieben – da drin, bei der Wildente.

Hedwig. Ja. Und auch alte Farbenkasten sind da und dergleichen. Und die vielen Bücher.

Gregers. Und die Bücher – in denen lesen Sie wohl?

Hedwig. O ja, wenn ich kann. Aber die meisten sind englisch, und das verstehe ich nicht. Aber dann sehe ich mir die Bilder an. – Da ist ein mächtig großes Buch, das heißt „Harrysons History of London“; das ist wohl an die hundert Jahr alt; und dann sind so eine Masse Bilder drin. Vorn steht der Tod abgebildet mit einem Stundenglas, und eine Jungfrau. Das finde ich häßlich. Aber dann sind noch viele andere Bilder drin mit Kirchen und Schlössern und Straßen und großen Schiffen, die auf dem Meere segeln.

Gregers. Sagen Sie einmal, woher haben Sie all die seltenen Sachen?

Hedwig. Ach, hier hat mal ein alter Schiffskapitän gewohnt, und der hat sie mitgebracht. Sie nannten ihn „den fliegenden Holländer“. Und das ist seltsam, denn er *war* gar kein Holländer.

Gregers. So?

Hedwig. Nein. Aber eines Tages war er weg. Und da sind die ganzen Sachen von ihm hier zurückgeblieben.

Gregers. Nun sagen Sie mir einmal, – wenn Sie nun so da drin sitzen und sich die Bilder anschauen, bekommen Sie da nicht Lust hinauszukommen und die große, wirkliche Welt zu sehen?

Hedwig. O nein! Ich will immer hier bleiben und Vater und Mutter helfen.

Gregers. Und Photographien machen?

Hedwig. Nein, nicht das allein. Am liebsten möchte ich lernen solche Bilder zu radieren, wie da in den englischen Büchern stehen.

Gregers. Hm, – und was sagt Ihr Vater dazu?

Hedwig. Vater, glaube ich, sieht das nicht gern; denn er ist so wunderlich in solchen Dingen. Denken Sie nur, er spricht davon, ich soll das Korbflechten und Strohflechten lernen! Aber ich meine, *das* kann doch nichts sein.

Gregers. Das meine ich auch.

Hedwig. Aber darin hat Vater ja recht: hätte ich gelernt Körbe flechten, so könnte ich jetzt den neuen Korb für die Wildente machen.

Gregers. Ja allerdings; und Sie wären auch die Nächste dazu.

Hedwig. Ja; denn es ist *meine* Wildente.

Gregers. Ja, freilich.

Hedwig. Jaha, *mir* gehört sie. Aber Vater und Großvater kriegen sie geborgt, so oft sie wollen.

Gregers. So? Wozu brauchen die sie denn?

Hedwig. O, sie hegen sie und pflegen sie und bauen ihr was zurecht und so weiter.

Gregers. Kann mir denken; denn die Wildente ist wohl von allen das vornehmste Tier da drin.

Hedwig. Ja, das ist sie; denn sie ist doch ein *wirklicher* wilder Vogel. Und dann kann sie einem auch so leid tun. Sie hat keinen, an den sie sich halten kann, das arme Ding.

Gregers, Hat keine Familie wie die Kaninchen. –

Hedwig. Nein. Die Hühner haben doch auch so viele, mit denen sie zusammen Küchlein gewesen sind; aber sie ist allen den Ihren so ganz entrissen worden. Und dann hat es ja doch auch so eine eigene Bewandtnis mit der Wildente. Keiner kennt sie; und keiner weiß, woher sie stammt.

Gregers. Und dann ist sie auf dem Meeresgrund gewesen.

Hedwig *sieht ihn flüchtig an, unterdrückt ein Lächeln und fragt*: Warum sagen Sie Meeresgrund?

Gregers. Was sollte ich sonst sagen?

Hedwig. Sie könnten sagen: Boden des Meeres – oder Meeresboden.

Gregers. Kann ich nicht ebensogut Meeresgrund sagen?

Hedwig. Ja, aber für mich klingt es immer so seltsam, wenn andere Leute Meeresgrund sagen.

Gregers. Warum denn? Sagen Sie mir, warum?

Hedwig. Nein, ich will nicht; es ist zu dumm.

Gregers. Ach bewahre. Sagen Sie mir doch, warum Sie lächelten.

Hedwig. Weil immer, wenn ich so mit einem Mal – so ganz plötzlich – an die ganze Geschichte da drin denke, – weil es mir dann vorkommt, als hieße der ganze Raum und alles andere auch der „Meeresgrund". – Aber das ist ja so dumm.

Gregers. Sagen Sie das nur nicht.

Hedwig. O doch; denn es ist doch bloß ein Boden.

Gregers *sieht sie fest an*. Sind Sie *dessen* so gewiß.

Hedwig *erstaunt*. Daß es nur ein Boden ist?

Gregers. Ja, wissen Sie das so sicher?

Hedwig schweigt und sieht ihn mit offenem Munde an. **Gina** *kommt mit dem Tischzeug aus der Küche.*

Gregers *steht auf*. Ich bin Ihnen gewiß zu früh gekommen?

Gina. Ach, irgendwo müssen Sie doch sein; und jetzt bin ich auch bald fertig. Räum' den Tisch ab, Hedwig.

Hedwig räumt ab; sie und Gina decken während des Folgenden. Gregers setzt sich in den Lehnstuhl und blättert in einem Album.

Gregers. Ich höre, Sie können retouchieren, Frau Ekdal.

Gina *mit einem Seitenblick*. Freilich kann ich das.

Gregers. Das hat sich wirklich gut getroffen.

Gina. Wieso gut?

Gregers. Weil doch Ekdal Photograph geworden ist, meine ich.

Hedwig. Mutter kann auch photographieren.

Gina. O ja, *die* Kunst habe ich mir auch angelernt.

Gregers. Dann führen *Sie* wohl das Geschäft?

Gina. Ja, wenn Ekdal selbst nicht Zeit hat, so –

Gregers. Er ist gewiß von seinem alten Vater ganz in Anspruch genommen, denke ich mir.

Gina. Ja, und dann ist es doch auch nichts für einen Mann wie Ekdal, von Kräti und Präti Poträtts zu machen.

Gregers. Das meine ich auch; aber wenn er den Weg doch nun einmal eingeschlagen hat, so –

Gina. Sie können sich doch wohl denken, Herr Werle, – Ekdal ist nicht einer von den gewöhnlichen Photographen.

Gregers. Na ja, aber trotzdem –

Auf dem Boden fällt ein Schuß.

Gregers *fährt auf.* Was ist denn das?!

Gina. Ujeh, da schießen sie wieder!

Gregers. Schießen sie auch?

Hedwig. Sie gehen auf die Jagd.

Gregers. Was?! *An der Bodentür.* Du gehst auf die Jagd, Hjalmar?

Hjalmar *hinter dem Netz.* Du bist da? Davon wußte ich nichts; ich war so beschäftigt – *zu Hedwig:* und Du sagst uns nichts! *Kommt ins Atelier.*

Gregers. Du gehst da auf dem Boden herum und schießt?

Hjalmar *zeigt eine doppelläufige Pistole.* Ach, bloß mit diesem Dings da.

Gina. Ja, Du und Großvater, – Ihr werdet schon noch mal ein Unglück mit der Pikstole da anrichten.

Hjalmar *ärgerlich.* Ich habe Dir doch gesagt, so eine Schußwaffe heißt eine Pistole.

Gina. Ach, das ist auch nicht viel besser, meine ich.

Gregers. Du bist also auch Jäger geworden, Hjalmar?

Hjalmar. Nur ab und zu ein bißchen Kaninchenjagd. Mehr Vater zuliebe, verstehst Du.

Gina. Die Mannsleute, die sind doch zu komisch; sie müssen immer was haben, womit sie sich dividieren.

Hjalmar *ärgerlich*. Jawohl, ja; wir müssen immer was haben, womit wir uns divertieren.

Gina. Na, das sage ich doch gerade.

Hjalmar. Na; hm! *Zu Gregers*. Und, siehst Du, es trifft sich gut, daß der Boden so liegt, daß niemand es hören kann, wenn wir schießen. *Legt die Pistole auf das oberste Brett des Regals*. Rühr' die Pistole nicht an, Hedwig! Der eine Lauf ist geladen; vergiß das nicht.

Gregers *sieht hinein durch das Netz*. Ein Jagdgewehr hast Du auch, wie ich sehe.

Hjalmar. Es ist Vaters altes Gewehr. Man kann nicht mehr damit schießen; denn am Schloß ist etwas nicht in Ordnung. Aber trotzdem ist's ganz lustig, es zu haben; denn wir können es ab und zu auseinander nehmen und es reinigen und es mit Knochenfett einschmieren und es wieder zusammensetzen –. Besonders Vater bastelt gern an so etwas herum.

Hedwig *neben Gregers*. Jetzt können Sie die Wildente ordentlich sehen.

Gregers. Ich sehe sie mir gerade an. Mir scheint, sie läßt den einen Flügel ein bißchen hängen.

Hjalmar. Na, das ist doch kein Wunder; sie ist ja angeschossen.

Gregers. Und dann schleppt sie den einen Fuß ein bißchen nach. Oder ist es nicht so?

Hjalmar. Vielleicht ein ganz klein wenig.

Hedwig. An *dem* Fuß, da hat der Hund sie gebissen.

Hjalmar. Sonst hat sie aber nicht die geringsten Fehler und Gebrechen. Und das ist ein wahres Wunder, da sie doch eine Ladung Schrot in den Balg gekriegt hat und zwischen den Zähnen eines Hundes gewesen ist –

Gregers *mit einem Blick auf Hedwig.* – und auf dem Meeresgrund gewesen ist – so lange.

Hedwig *lächelt.* Ja.

Gina *schafft am Tisch Ordnung.* Die ewige Wildente, die! Vor der werden so viel Kumpelmente gemacht.

Hjalmar. Hm; – ist nun bald gedeckt?

Gina. Ja, gleich. Hedwig, jetzt komm und hilf mir. *Gina und Hedwig ab in die Küche.*

Hjalmar *halblaut.* Ich meine, es hat keinen Wert, daß Du da stehst und Vatern zusiehst; er mag das nicht.

Gregers *verläßt die Bodentür.*

Hjalmar. Es ist das Gescheiteste, ich mache zu, ehe die andern kommen. *Klatscht in die Hände.* Husch – husch; wollt Ihr wohl da weg! *Indem er den Vorhang hinaufzieht und die Tür zusammenschiebt.* Diese Zurichtungen sind meine eigene Erfindung. Es ist wirklich recht amüsant, so etwas zu haben, woran man sich zu schaffen macht, und das man wieder in Ordnung bringt, wenn es kaput gegangen ist. Und dann, sieh mal, ist es auch sehr notwendig, weil doch Gina nicht gern Kaninchen und Hühner im Atelier drin haben will.

Gregers. Gewiß, gewiß; und Deine Frau, die besorgt hier wohl alles?

Hjalmar. Ich überlasse ihr im allgemeinen die laufenden Geschäfte; denn so kann ich inzwischen die Wohnstube aufsuchen und über Dinge nachdenken, die wichtiger sind.

Gregers. Du, was sind denn das eigentlich für Dinge, Hjalmar?

Hjalmar. Ich wundere mich, daß Du *da*nach nicht schon längst gefragt hast. Oder hast Du etwa noch nichts von der Erfindung gehört?

Gregers. Der Erfindung? Nein.

Hjalmar. So? Wirklich nicht? Natürlich, da oben in Deinen Hochwäldern und Einöden –

Gregers. Du hast also eine Erfindung gemacht!

Hjalmar. Noch nicht ganz gemacht; aber ich bin eben dabei. Du kannst Dir doch wohl denken, daß ich mich nicht deshalb der Photographiererei geopfert habe, um etwa bloß alle möglichen Alltagsmenschen abzuporträtieren.

Gregers. Gewiß nicht; das sagte auch Deine Frau eben.

Hjalmar. Ich habe einen Schwur geleistet: wenn ich schon meine Kräfte so einem Handwerk widmete, so müßte ich es auch *so* heben, daß es sowohl zu einer Kunst wie zu einer Wissenschaft würde. Und so habe ich beschlossen, die merkwürdige Erfindung zu machen.

Gregers. Und worin besteht die Erfindung? Was bezweckt sie?

Hjalmar. Ja, mein Lieber, nach solchen Einzelheiten darfst Du mich noch nicht fragen. Dazu, sieh mal, gehört Zeit. Und dann darfst Du auch nicht glauben, daß es Eitelkeit ist, was mich dazu treibt. Ich arbeite wahrhaftig nicht um meinetwillen. O nein, um der Lebensaufgabe willen, die Tag und Nacht mir vorschwebt.

Gregers. Was für eine Lebensaufgabe?

Hjalmar. Vergißt Du den Greis im Silberhaar?

Gregers. Dein armer Vater; ja, aber was kannst Du denn eigentlich für ihn tun?

Hjalmar. Ich kann sein totes Selbstgefühl zu neuem Leben erwecken, indem ich den Namen Ekdal wieder zu Ehren und Ansehen bringe.

Gregers. Das also ist Deine Lebensaufgabe.

Hjalmar. Ja. Ich will den Schiffbrüchigen retten. Denn Schiffbruch hat er schon erlitten, als das Unwetter über ihn hereinbrach. Während der schrecklichen Zeit der Untersuchung, da war er schon nicht mehr er selbst. Die Pistole dort – die wir zur Kaninchenjagd gebrauchen, – Du, die hat eine Rolle gespielt in der Tragödie des Hauses Ekdal.

Gregers. Die Pistole? So?

Hjalmar. Als das Urteil gefällt war, und er eingesperrt werden sollte, – da hielt er die Pistole in der Hand –

Gregers. Wahrhaftig –?

Hjalmar. Ja; aber er hatte nicht den Mut. Er war feige. So verkommen, so ruiniert war er schon damals an seiner Seele. O, kannst Du das begreifen? Ein Offizier – ein Mann, der neun Bären geschossen hatte – der abstammte von zwei Oberstleutnants, – von einem nach dem andern natürlich –. Kannst Du das begreifen, Gregers?

Gregers. O ja, ich begreife es ganz gut.

Hjalmar. Ich nicht. Und zum zweiten Mal griff die Pistole in die Geschichte unseres Hauses ein. Als er das graue Gewand anhatte und hinter Schloß und Riegel saß, – o, das waren, glaub' mir, entsetzliche Zeiten für mich. Ich hatte die Rollgardinen an meinen beiden Fenstern heruntergelassen. Wenn ich hinausblickte, sah ich, daß die Sonne schien wie gewöhnlich. Ich konnte es nicht fassen. Ich sah die Menschen auf der Straße gehen und lachen und über die gleichgültigsten Dinge schwätzen. Ich konnte es nicht fassen. Mir war, als müßte das ganze Dasein stillstehen wie bei einer Sonnenfinsternis.

Gregers. So war auch mir ums Herz, als meine Mutter gestorben war.

Hjalmar. In einem solchen Augenblick hatte ich, Hjalmar Ekdal, die Pistole auf meine eigene Brust gerichtet.

Gregers. Auch Du wolltest –!

Hjalmar. Ja.

Gregers. Aber Du hast nicht losgedrückt?

Hjalmar. Nein. Im entscheidenden Augenblick errang ich den Sieg über mich selbst. Ich blieb leben. Aber glaube mir, es gehört Mut dazu, unter *solchen* Umständen das Leben zu wählen.

Gregers. Ja – wie man es nimmt.

Hjalmar. Nein, Du, – unbedingt. Aber es war das Beste so; denn nun mache ich bald meine Erfindung; und dann – das glaubt Doktor Relling wie ich – bekommt Vater die Erlaubnis, wieder seine Uniform zu tragen. Das will ich fordern als meinen einzigen Lohn.

Gregers. Also die Uniform ist es, die er –?

Hjalmar. Ja, nach *ihr* steht sein ganzes Sinnen und Trachten. Du kannst Dir nicht vorstellen, wie mir das um seinetwillen das Herz zerreißt. Immer, wenn wir ein kleines Familienfest feiern – Ginas und meinen Hochzeitstag oder was es sonst sein mag – dann erscheint der Alte hier angetan mit seiner Leutnantsuniform aus den Tagen des Glücks. Aber klopft es nur an der Flurtür, – er wagt nämlich nicht, sich vor fremden Leuten zu zeigen, weißt Du, – dann stürzt er wieder in seine Kammer, so schnell ihn seine alten Beine tragen wollen. Und siehst Du, so etwas kann einem Sohn das Herz zerbrechen.

Gregers. Und wann ungefähr denkst Du mit der Erfindung fertig zu sein?

Hjalmar. Herrgott, nach solchen Einzelheiten wie der Zeit darfst Du mich nicht fragen! Eine Erfindung, das ist eine Sache, die man selbst nicht ganz in der Hand hat. Es kommt dabei zum guten Teil auf die Inspiration an, – auf eine Eingebung, – und es ist so gut wie unmöglich, im voraus zu berechnen, wann sie eintritt.

Gregers. Aber vorwärts geht es doch wohl?

Hjalmar. Freilich geht es vorwärts. Ich mache mich jeden lieben Tag an die Erfindung; sie füllt mich ganz aus. Jeden Nachmittag, nach dem Essen, schließe ich mich in der Wohnstube ein, wo ich in Ruhe nachsinnen kann. Aber nur treiben soll man mich nicht; das nützt nämlich gar nichts; das sagt Relling auch.

Gregers. Und meinst Du nicht, daß die ganzen Geschichten da drin auf dem Boden Dich zu sehr ablenken und zerstreuen?

Hjalmar. I bewahre, im Gegenteil. Das darfst Du nicht sagen. Ich kann doch nicht immer und ewig hier denselben anstrengenden Gedanken nachhängen. Ich muß nebenher noch etwas haben, das die Wartezeit ausfüllt. Die Inspiration, die Eingebung, sieh mal, – wenn die kommen *will* – so kommt sie doch.

Gregers. Mein lieber Hjalmar, ich glaube fast, Du hast etwas von der Wildente an Dir.

Hjalmar. Von der Wildente? Wie meinst Du das?

Gregers. Du bist untergetaucht und hast Dich im Gras da tief unten festgebissen.

Hjalmar. Meinst Du damit vielleicht den Schuß, der, um ein Haar tödlich, meinen Vater in den Flügel getroffen hat – und mich auch?

Gregers. Nicht unmittelbar das. Ich will nicht sagen, daß Du angeschossen bist; aber Du bist in einen giftigen Sumpf geraten, Hjalmar; Du hast eine schleichende Krankheit im Körper, und dann bist Du untergegangen, um im Dunkeln zu sterben.

Hjalmar. Ich? Im Dunkeln sterben! Du, hör' mal, Gregers, solchen Schnack solltest Du wirklich lassen.

Gregers. Sei nur ruhig; ich werde Dich schon wieder auf die Beine bringen. Denn, siehst Du, ich habe nun auch eine Lebensaufgabe; seit gestern.

Hjalmar. Schön, – aber laß *mich* nur in Frieden. Ich kann Dir versichern: ich befinde mich – abgesehen von meiner leicht erklärlichen Melancholie natürlich – so wohl, wie ein Mensch sich es nur wünschen kann.

Gregers. Daß dies so ist, das kommt auch von dem Gift.

Hjalmar. Liebster, bester Gregers, jetzt rede mir nicht mehr von Krankheit und Gift; solche Gespräche bin ich nicht gewöhnt; in meinem Hause redet man mir niemals von unangenehmen Sachen.

Gregers. Ja, *das* will ich Dir gern glauben.

Hjalmar. Jawohl, denn es schadet mir nur. Und hier *ist* keine Sumpfluft, wie Du Dich ausdrückst. Das Haus des armen Photographen hat ein niedriges Dach – das weiß ich wohl, – und meine Verhältnisse sind beschränkt. Aber – ich bin ein Erfinder, Du, – und ich bin zugleich Familienvater. *Das* erhebt mich über die engen Verhältnisse. – Ah, da ist das Frühstück!

> ***Gina** und **Hedwig** bringen Bierflaschen, Branntweinkaraffe, Gläser und anderes Zubehör. Zugleich erscheinen **Relling** und **Molvik** vom Flur her; beide sind ohne Hut und Überrock; Molvik ist schwarz gekleidet.*

Gina *stellt die Sachen auf den Tisch*. Na, *die* beiden sind pünktlich da.

Relling. Molvik hat sich eingebildet, er wittere Heringssalat, und da war er nicht zu halten. – Nochmals guten Morgen, Ekdal.

Hjalmar. Gregers, darf ich Dir Herrn Kandidaten Molvik vorstellen; Doktor –, ach, Relling, den kennst Du ja.

Gregers. Ja, ganz flüchtig.

Relling. Ah, Herr Werle junior. Ja, wir beiden haben uns da oben auf dem Höjdalswerk in den Haaren gelegen. Sie sind wohl eben eingezogen?

Gregers. Ich bin heute früh eingezogen.

Relling. Und unter Ihnen wohnen Molvik und ich; Sie haben also nicht weit zum Doktor und zum Pastor, wenn Sie einen brauchen sollten.

Gregers. Danke sehr. Das wäre schon möglich, denn gestern waren wir dreizehn bei Tisch.

Hjalmar. Ach, so komm doch nicht wieder auf die ungemütliche Geschichte.

Relling. Das braucht Dich nicht anzufechten, Ekdal; denn Dich trifft es weiß Gott nicht.

Hjalmar. Das will ich auch hoffen im Interesse meiner Familie. Aber nun wollen wir uns setzen und essen und trinken und fröhlich sein.

Gregers. Wollen wir nicht auf Deinen Vater warten?

Hjalmar. Nein, er will sein Essen später auf seine Stube haben. Also bitte!

Die Herren setzen sich an den Frühstückstisch, essen und trinken. Gina und Hedwig kommen und gehen und bedienen.

Relling. Gestern hatte Molvik einen schönen Zustand, Frau Ekdal.

Gina. So? Schon wieder?

Relling. Haben Sie ihn nicht gehört, wie ich nachts mit ihm nach Hause gekommen bin?

Gina. Nein, daß ich nicht wüßte.

Relling. Das war gut; denn Molvik ist eklig gewesen.

Gina. Ist das wahr, Molvik?

Molvig. Machen wir einen Strich durch die Ereignisse dieser Nacht. So etwas hängt ja nicht von meinem besseren Ich ab.

Relling *zu Gregers*. Es kommt über ihn wie eine Eingebung, und dann muß ich mit ihm hinaus auf den Bummel. Denn, sehen Sie, unser Molvik ist dämonisch.

Gregers. Dämonisch?

Relling. Molvik ist dämonisch, jawohl.

Gregers. Hm.

Relling. Und dämonische Naturen sind nicht dazu gemacht, auf ihren Beinen gerade durch die Welt zu gehen; sie müssen dann und wann auf Abwege. – Na, und Sie halten es noch immer aus da oben auf dem scheußlichen rußigen Werk?

Gregers. Bis jetzt habe ich es ausgehalten.

Relling. Und haben Sie inzwischen die Forderung einkassieren können, mit der Sie herumgezogen sind?

Gregers. Forderung? *Versteht ihn.* Ach so.

Hjalmar. Du hast Forderungen einkassiert, Gregers?

Gregers. Ach, Unsinn.

Relling. I freilich hat er das; er ist von einer Häuslerhütte zur andern gegangen und hat etwas präsentiert, das er „die ideale Forderung“ nannte.

Gregers. Ich war damals noch jung.

Relling. Da haben Sie recht; Sie waren *sehr* jung. Und die ideale Forderung, – die ist Ihnen nie honoriert worden, so lange *ich* da war.

Gregers. Nachher auch nicht.

Relling. Na, und da sind – denke ich mir – Sie wohl so gescheit geworden, von dem Betrag ein bißchen abzulassen.

Gregers. Nie, wenn ich vor einem echten, wahren Menschen stehe.

Hjalmar. Das finde ich auch ganz vernünftig. – Etwas Butter, Gina.

Relling. Und auch ein Stück Speck für Molvik.

Molvig. Äh! keinen Speck!

Es klopft an der Bodentür.

Hjalmar. Mach' auf, Hedwig; Vater will heraus.

Hedwig geht und öffnet ein Stückchen; der **alte Ekdal** *kommt herein mit einem frischen Kaninchenfell; sie schließt wieder hinter ihm.*

Ekdal. Guten Morgen, meine Herren! Habe heut 'ne gute Jagd gehabt. Habe eins von den großen geschossen.

Hjalmar. Und Du hast es abgezogen, ehe *ich* gekommen bin –!

Ekdal. Hab's auch gesalzen. Es ist gutes, mürbes Fleisch, das Kaninchenfleisch; und süß ist es auch; schmeckt wie Zucker. Mahlzeit, meine Herren! *Ab in sein Zimmer.*

Molvig *steht auf*. Entschuldigen Sie –; ich kann nicht –; ich muß hinunter so rasch wie möglich –

Relling. Trink Sodawasser, Mensch!

Molvig *beeilt sich*. Äh – äh! *Durch die Flurtür ab.*

Relling *zu Hjalmar*. Wir wollen ein Glas Schnaps leeren auf das Wohl des alten Weidmanns.

Hjalmar *stößt mit ihm an*. Auf den Sportsman am Rand des Grabes – ja!

Relling. Auf den Greis im – *trinkt*. Ja, sag' mal, – ist das Haar, das er hat, eigentlich grau oder weiß?

Hjalmar. Es ist wohl so mittel; übrigens hat er gar nicht mehr so viel Haare auf dem Kopf.

Relling. Na, mit falschen Haaren kommt man auch durch die Welt. Du, Ekdal, – ja, Du bist im Grunde doch ein glücklicher Mann; Du hast Deine schöne Lebensaufgabe, für die Du streben kannst –

Hjalmar. Und ich strebe auch, – das kannst Du glauben.

Relling. Und dann hast Du Dein flinkes Weib, das so mollig in seinen Filzschuhen aus und ein schlorrt und sich in den Hüften schaukelt und Dich so hegt und bemuttert.

Hjalmar. Ja, Gina, – *nickt ihr zu* – Du bist eine tapfere Gefährtin auf meinem Lebenswege – das bist Du.

Gina. Ach, sitzt nicht da und ressensiert über mich.

Relling. Und dann – Du, Ekdal, Deine Hedwig!

Hjalmar *bewegt*. Das Kind, ja! Das Kind in erster Reihe. Hedwig, komm mal her. *Streichelt ihr Haar.* Was ist morgen für ein Tag, Du?

Hedwig *zupft ihn am Rock*. Ach nein, Vater, Du sollst nichts sagen.

Hjalmar. Als führe mir ein Messer durchs Herz, so ist mir bei dem Gedanken, daß es so wenig sein wird; bloß eine kleine festliche Veranstaltung drin auf dem Boden –

Hedwig. Aber das ist ja doch gerade himmlisch!

Relling. Nur Geduld, Hedwig, bis die merkwürdige Erfindung ans Licht tritt!

Hjalmar. Ja dann – dann sollst Du sehen –! Hedwig, ich bin entschlossen, Deine Zukunft sicher zu stellen. Du sollst es gut haben, so lange Du lebst. Ich will etwas für Dich verlangen, – irgend etwas. *Das* soll der einzige Lohn des armen Erfinders sein.

Hedwig *schlingt den Arm um seinen Hals und flüstert ihm zu*: O Du lieber, lieber Vater!

Relling *zu Gregers*. Na, meinen Sie nicht auch, daß es eine ganz nette Sache ist, zur Abwechselung einmal an einem gut besetzten Tisch zu sitzen im Kreise einer glücklichen Familie?

Hjalmar. Ja, diese Stunden bei Tisch, die weiß ich wirklich sehr zu schätzen.

Gregers. Ich für mein Teil fühle mich nicht wohl in Sumpfluft.

Relling. Sumpfluft?

Hjalmar. Ach Du, komm doch nicht wieder mit dem Gerede.

Gina. Hier ist, weiß Gott, kein Sumpfgeruch, Herr Werle, denn hier wird jeden lieben Tag gelüftet.

Gregers *steht vom Tische auf*. Den Gestank, den *ich* meine, kriegen Sie sicher nicht durch Lüften heraus.

Hjalmar. Gestank!

Gina. Was sagst Du *dazu*, Ekdal!

Relling. Pardon, – aber sind Sie es am Ende nicht selbst, der den Gestank mit von den Gruben herunter bringt?

Gregers. Es sähe Ihnen ähnlich, *das* Gestank zu nennen, was ich hier ins Haus bringe.

Relling *nähert sich ihm*. Hören Sie, Herr Werle junior, ich habe Sie stark im Verdacht, daß Sie „die ideale Forderung“ noch immer unverkürzt hinten in Ihrer Rocktasche herumtragen.

Gregers. In der Brust trage ich sie.

Relling. Tragen Sie sie zum Donnerwetter, wo Sie wollen, – aber ich möchte Ihnen nicht geraten haben, hier den Einkassierer zu spielen, so lange *ich* da bin.

Gregers. Und wenn ich es nun doch tue?

Relling. Dann fliegen Sie kopfüber die Treppe hinunter, verstehen Sie mich!

Hjalmar *steht auf*. Aber Relling!

Gregers. Ja, werfen Sie mich nur hinaus –

Gina *tritt zwischen sie*. Da haben Sie kein Recht zu, Relling. Aber ich muß Ihnen doch sagen, Herr Werle: wer, wie Sie, die Schweinerei in dem Ofen gemacht hat, der sollte nicht in meine Stube kommen und von Gestank schwätzen.

Hedwig. Mutter, es klopft.

Hjalmar. So, – nun haben wir auch noch die Rennerei!

Gina. Laß mich nur –. *Geht, öffnet die Tür, stutzt, fährt zusammen und prallt zurück*. O! Jeh doch!

*Der **alte Werle**, im Pelz, tritt einen Schritt vor.*

Werle. Bitte um Entschuldigung, – aber mein Sohn soll hier im Hause wohnen.

Gina *schnappt nach Luft*. Ja.

Hjalmar *geht näher*. Wollen Sie nicht so freundlich sein, Herr Werle –?

Werle. Danke sehr; ich wünsche nur meinen Sohn zu sprechen.

Gregers. Ja, was gibt's denn? Da bin ich.

Werle. Ich wünsche Dich auf Deinem Zimmer zu sprechen.

Gregers. Auf meinem Zimmer – na – *Will gehen*.

Gina. Da sieht's doch weiß Gott nicht so aus, daß –

Werle. Nun also, dann draußen auf dem Flur; ich wünsche ein Gespräch unter vier Äugen.

Hjalmar. Das können Sie hier haben, Herr Werle. Komm in die Wohnstube, Relling.

Hjalmar und Relling rechts ab; Gina nimmt Hedwig mit in die Küche.

Gregers *nach kurzer Pause.* Ja, da wären wir also unter vier Augen.

Werle. Du hast gestern abend einige Äußerungen fallen lassen –. Und da Du Dich jetzt bei Ekdals eingemietet hast, so muß ich fast vermuten, Du führst irgend etwas gegen mich im Schilde.

Gregers. Ich will Hjalmar Ekdal die Augen öffnen – das führe ich im Schilde. Er soll seine Lage sehen, so wie sie ist; – das ist alles.

Werle. Ist *das* die Lebensaufgabe, von der Du gestern gesprochen hast?

Gregers. Ja. Eine andere hast Du mir nicht gelassen.

Werle. Ich bin es also, der Dein Inneres verpfuscht hat, Gregers.

Gregers. Mein ganzes Leben hast Du verpfuscht. Ich denke nicht an alle die Geschichten mit Mutter –. Aber *Dir* verdanke ich's, daß ich unter den Qualen eines schuldbeladenen Gewissens seufze.

Werle. Ah! Mit dem Gewissen also ist es bös bestellt.

Gregers. Ich hätte gegen Dich auftreten sollen, damals, als dem Leutnant Ekdal Schlingen gelegt wurden. Ich hätte ihn warnen sollen; denn ich ahnte wohl, wohin es führen würde.

Werle. Ja, *dann* hättest Du allerdings reden müssen.

Gregers. Ich hatte nicht den Mut dazu; so feige und verschüchtert war ich. Ich hatte eine namenlose Angst vor Dir – damals und auch noch lange nachher.

Werle. Es scheint, die Angst ist jetzt überwunden.

Gregers. Ja, glücklicherweise. Was am alten Ekdal gesündigt worden ist, durch mich und durch – andere, das kann nie wieder gut gemacht werden; aber Hjalmar, den kann ich noch aus den Fesseln der Lüge und der Täuschung lösen, die ihn an den Rand des Abgrunds gebracht haben.

Werle. Meinst Du, *da*mit eine gute Tat zu tun?

Gregers. Davon bin ich fest durchdrungen.

Werle. Du meinst wohl, daß dieser Ekdal der Mann ist, der Dir für einen solchen Freundschaftsdienst danken würde?

Gregers. Ja! *Der* Mann ist er.

Werle. Hm, – wir werden ja sehen.

Gregers. Und außerdem – wenn ich weiter leben soll, so muß ich Genesung für mein krankes Gewissen suchen.

Werle. Das wird nicht wieder. Dein Gewissen ist von Deiner Kinderzeit an krank gewesen. Das ist ein Erbteil Deiner Mutter, Gregers; – das einzige Erbe, daß sie Dir hinterlassen hat.

Gregers *halblächelnd, mit einem Anflug von Hohn.* Hast Du noch immer nicht den Tort verschmerzt, daß Du sie für vermögend hieltst und Dich darin verrechnet hast?

Werle. Laß uns nicht auf Dinge kommen, die nicht hierher gehören. – Du beharrst also fest auf Deinem Vorsatz, Ekdal auf die Spur zu bringen, die Du für die rechte hältst?

Gregers. Ja, auf diesem Vorsatz beharre ich fest.

Werle. Nun, dann hätte ich mir ja den Gang hier herauf ersparen können. Denn unter solchen Umständen hat es wohl keinen Zweck, Dich zu fragen, ob Du wieder zu mir nach Hause kommen willst?

Gregers. Nein.

Werle. Und in die Firma trittst Du auch nicht ein?

Gregers. Nein.

Werle. Gut. Da ich nun aber beabsichtige, eine neue Ehe einzugehen, so muß das Vermögen zwischen uns geteilt werden.

Gregers *hastig.* Nein, das wünsche ich nicht.

Werle. Du wünschst es nicht?

Gregers. Nein, ich darf es nicht um meines Gewissens willen.

Werle *nach kurzer Pause.* Gehst Du wieder hinauf aufs Werk?

Gregers. Nein; ich betrachte mich als ausgetreten aus Deinen Diensten.

Werle. Aber was willst Du denn anfangen?

Gregers. Nur meine Lebensaufgabe lösen – weiter nichts.

Werle. Hm, und dann? Wovon willst Du denn leben?

Gregers. Ich habe mir etwas erspart von meinem Gehalt.

Werle. Ja, wie lange wird *das* vorhalten!

Gregers. Ich denke, es hält so lange vor wie mein Leben.

Werle. Was soll das heißen?

Gregers. Jetzt gebe ich keine Antwort mehr.

Werle. Lebwohl denn, Gregers.

Gregers. Lebwohl.

Werle ab.

Hjalmar *guckt ins Zimmer.* Er ist doch weg?

Gregers. Ja.

***Hjalmar** und **Relling** treten ein. **Gina** und **Hedwig** kommen ebenfalls aus der Küche.*

Relling. Das Frühstück, das wäre also in die Brüche gegangen.

Gregers. Zieh Dich an, Hjalmar; Du mußt einen langen Spaziergang mit mir machen.

Hjalmar. Ja, recht gern. Was wollte Dein Vater denn von Dir? Betraf es meine Person?

Gregers. Komm nur. Wir haben miteinander zu reden. Ich gehe nur hinunter und ziehe meinen Paletot an. *Ab durch die Flurtür.*

Gina. Du solltest nicht mit ihm gehen, Ekdal.

Relling. Nein, tu's nicht; bleib zu Hause.

Hjalmar *nimmt Hut und Überzieher.* Was soll denn das! Wenn ein Jugendfreund das Bedürfnis fühlt, mir sein Herz unter vier Augen auszuschütten –!

Relling. Aber Himmeldonnerwetter, – siehst Du denn nicht, daß der Kerl verdreht, verrückt, übergeschnappt ist!

Gina. Da kannst Du's hören. Seine Mutter hatte auch manchmal solche physische Raptusse.

Hjalmar. Desto nötiger hat er das wachsame Auge eines Freundes. *Zu Gina.* Daß mir das Mittagessen nur ja pünktlich fertig ist. Adieu inzwischen. *Ab durch die Flurtür.*

Relling. Es ist doch wahrhaftig ein Unglück, daß der Mensch nicht in einer von den Höjdalsgruben zum Teufel gegangen ist!

Gina. Jesses, – warum meinen Sie das!

Relling *brummt.* Na ja – ich mache mir so meine Gedanken.

Gina. Meinen Sie wirklich, der junge Werle ist verrückt?

Relling. Leider nein; er ist nicht verrückter als die Menschen im allgemeinen. Aber eine Krankheit steckt sicher in ihm.

Gina. Was fehlt ihm denn?

Relling. Ja, das will ich Ihnen sagen, Frau Ekdal. Er leidet an einem akuten Rechtschaffenheitsfieber.

Gina. Rechtschaffenheitsfieber?

Hedwig. Ist das eine Art Krankheit?

Relling. O ja; es ist eine Nationalkrankheit; aber sie tritt nur sporadisch auf. *Nickt Gina zu.* Schönen Dank für das Frühstück! *Ab durch die Flurtür.*

Gina *geht unruhig umher.* Ujeh, – dieser Gregers, – das ist immer ein ekliger Hering gewesen.

Hedwig *steht am Tisch und sieht sie forschend an.* Das kommt mir alles so seltsam vor.

Vierter Akt

Ekdals Atelier.

Eben ist eine photographische Aufnahme gemacht worden; ein Apparat mit einem Tuch darüber, ein Stativ, ein paar Stühle, eine Konsole und dergleichen stehen umher. Nachmittagsbeleuchtung; die Sonne will untergehen; es beginnt schon zu dunkeln.

***Gina** steht in der offenen Flurtür, mit einem kleinen Kasten und einer nassen Glasplatte in der Hand, und spricht mit jemand draußen.*

Gina. Ja, ganz bestimmt. Wenn ich etwas verspreche, dann halte ich's auch. Montag ist das erste Dutzend fertig. – Empfehle mich, empfehle mich!

Man hört jemand die Treppe hinuntergehen. Gina schließt die Tür, steckt die Platte in den Kasten und schiebt ihn in den verdeckten Apparat.

Hedwig *kommt aus der Küche*. Sind sie weg?

Gina *räumt auf*. Ja, Gott sei Dank; nun bin ich sie endlich los.

Hedwig. Aber verstehst Du, warum Vater noch nicht zu Hause ist?

Gina. Bist Du sicher, daß er nicht unten bei Relling ist?

Hedwig. Nein, da ist er nicht; ich bin die Hintertreppe hinuntergerast und habe eben nachgefragt.

Gina. Und da steht nun auch sein Essen und wird kalt.

Hedwig. Ja, denk nur, – Vater, der immer so pünktlich zu Mittag nach Hause kommt!

Gina. Ach, jetzt kommt er gleich, das wirst Du sehen.

Hedwig. Ja, wäre er nur erst da; er kommt mir jetzt so wunderbar vor.

Gina *ruft*: Da ist er!

***Hjalmar** kommt durch die Flurtür.*

Hedwig *ihm entgegen*. Vater! Was wir auf Dich gewartet haben!

Gina *schielt zu ihm hinüber*. Du bist mächtig lange weg gewesen, Ekdal.

Hjalmar *ohne sie anzusehen*. Ich war etwas lange aus, ja.

Zieht den Überzieher aus; Gina und Hedwig wollen ihm helfen; er verwehrt es ihnen.

Gina. Du hast wohl mit Werle gegessen?

Hjalmar *hängt den Rock an den Haken.* Nein.

Gina *geht an die Küchentür.* Dann werde ich Dir das Essen hereinbringen.

Hjalmar. Nein, laß nur sein. Ich esse jetzt nicht.

Hedwig *kommt näher.* Ist Dir nicht gut, Vater?

Hjalmar. Gut? Ach ja, so leidlich. Gregers und ich haben einen anstrengenden Spaziergang gemacht.

Gina. Das solltest Du nicht tun, Ekdal; denn das bist Du nicht gewöhnt.

Hjalmar. Hm! Es gibt gar manches auf der Welt, an das ein Mann sich gewöhnen muß. *Geht ein wenig umher.* War jemand da in meiner Abwesenheit?

Gina. Nur die beiden Brautleute.

Hjalmar. Keine neuen Bestellungen?

Gina. Nein, heute nicht.

Hedwig. Du sollst sehen, Vater, morgen wird schon einer kommen.

Hjalmar. Hoffen wir das Beste! Denn morgen denke ich allen Ernstes anzufassen.

Hedwig. Morgen! Aber hast Du denn vergessen, was morgen für ein Tag ist?

Hjalmar. Ach, ist ja wahr –. Also dann übermorgen. Von jetzt an will ich alles selbst tun; ich will alle Arbeit ganz allein verrichten.

Gina. Aber wozu denn das, Ekdal? Damit machst Du Dir ja bloß das Leben sauer. Die Photographiererei, die besorge ich schon. Kümmere Du Dich nur um Deine Erfindung.

Hedwig. Und auch um die Wildente, Vater, – und um die Hühner und Kaninchen und –!

Hjalmar. Red' mir nicht von *dem* Krempel! Von morgen ab setze ich keinen Fuß mehr auf den Boden.

Hedwig. Aber Vater, Du hast mir doch versprochen, morgen sollte eine Veranstaltung –

Hjalmar. Hm, ist ja wahr. Na, dann also von übermorgen ab. Der verdammten Wildente möchte ich am liebsten den Hals umdrehen!

Hedwig *schreit*: Der Wildente!

Gina. Hat einer so was gehört!

Hedwig *rüttelt ihn*. Aber, Vater, – es ist doch *meine* Wildente!

Hjalmar. Deshalb tue ich es ja auch nicht. Ich habe nicht das Herz dazu, – nicht das Herz dazu, Hedwig, weil Du's bist. Doch in meinem Innersten habe ich das Gefühl, daß ich es tun müßte. Ich dürfte unter meinem Dache keine Kreatur dulden, die in *den* Händen gewesen ist.

Gina. Herrgott nein, – weil Großvater sie von dem schoflen Pettersen gekriegt hat, so –

Hjalmar *geht umher*. Es gibt gewisse Ansprüche–. Wie soll ich sie nur nennen? Sagen wir: ideale Ansprüche, – gewisse Forderungen, über die sich ein Mann nicht hinwegsetzen kann, ohne Schaden an seiner Seele zu nehmen.

Hedwig *geht hinter ihm her*. Aber –, die Wildente, – die arme Wildente!

Hjalmar *bleibt stehen*. Du hörst ja, ich schone sie – Dir zuliebe. Ihr soll kein Haar gekrümmt werden auf – na, wie gesagt – ich schone sie. Es gibt ja auch größere Aufgaben, an die man sich machen kann. Aber jetzt sollst Du ein bißchen ausgehen, Hedwig, wie gewöhnlich. Es ist jetzt gerade für Dich so hübsch schummrig.

Hedwig. Nein, ich mag jetzt nicht ausgehen.

Hjalmar. So tu es doch; mir kommt es vor, Du zwinkerst so mit den Augen. Diese Dämpfe hierdrin tun Dir nicht gut. Unter dem Dach hier ist dumpfe Luft.

Hedwig. Na ja; dann laufe ich die Hintertreppe hinunter und gehe ein bißchen weg. Hut und Mantel –? Ach, die sind drin bei mir. Vater, – tust Du der Wildente auch gewiß nichts zuleide, während ich aus bin?

Hjalmar. Kein Federchen soll von ihrem Haupte. *Drückt sie an sich.* Du und ich, Hedwig, – wir beide –! Na, jetzt geh nur.

Hedwig nickt den Eltern zu und geht durch die Küche ab.

Hjalmar *geht umher, ohne aufzublicken.* Gina.

Gina. Ja?

Hjalmar. Von morgen ab – oder sagen wir lieber von übermorgen ab – möchte ich gern das Wirtschaftsbuch selbst führen.

Gina. Das Wirtschaftsbuch willst Du jetzt auch führen?

Hjalmar. Ja, oder doch wenigstens Kenntnis nehmen von den Einkünften.

Gina. Ach du lieber Himmel, *das* ist bald geschehen.

Hjalmar. Das ist kaum anzunehmen. Denn es kommt mir vor, als ob das Geld bei Dir merkwürdig lange vorhielte. *Bleibt stehen und sieht sie an.* Wie geht das zu?

Gina. Weil Hedwig und ich so gut wie nichts brauchen.

Hjalmar. Ist es wahr, daß Vater seine Schreibereien vom alten Werle so gut bezahlt kriegt?

Gina. Ich weiß nicht, ob das so gut bezahlt ist. Ich kenne nicht den Preis von so was.

Hjalmar. Nun, was kriegt er denn so ungefähr? Laß mich hören!

Gina. Es ist sehr verschieden; es wird wohl ungefähr das sein, was er uns kostet, und dann noch ein kleines Taschengeld.

Hjalmar. Was er uns kostet! Und das hast Du mir nicht früher gesagt!

Gina. Nein, *das* konnte ich nicht; Du warst doch so vergnügt in dem Glauben, er bekäme alles von Dir.

Hjalmar. Und nun bekommt er es von diesem Werle?

Gina. Na ja, der alte Werle, der hat doch noch immer genug.

Hjalmar. Steck' die Lampe an!

Gina *steckt sie an.* Und dann wissen wir doch auch nicht, ob es Werle selbst ist; es kann ja ebenso gut Gråberg sein –

Hjalmar. Was soll diese Ausrede mit Gråberg?

Gina. Ich weiß nicht; ich dachte bloß –

Hjalmar. Hm!

Gina. *Ich* habe ja doch dem Alten nicht die Schreiberei verschafft. Das war Berta, – als sie da ins Haus kam.

Hjalmar. Mir scheint, Deine Stimme bebt.

Gina *setzt den Schirm auf die Lampe. Meine* Stimme?

Hjalmar. Und Deine Hände zittern. Oder etwa nicht?

Gina *fest*. Sag's grade heraus, Ekdal. Was hat er da von mir gesagt?

Hjalmar. Ist es wahr, – *kann* es wahr sein, daß – daß zwischen Dir und Werle eine Art Verhältnis bestanden hat zu der Zeit, als Du in seinem Hause dientest?

Gina. Das ist nicht wahr. Nicht damals – das nicht. Werle stieg mir nach; das hat er getan. Und seine Frau glaubte, es wäre was dran, und da machte sie'n Hokuspokus und 'n großen Trara und schlug mich und zankte mich aus; ja, das tat sie; – und da ging ich aus dem Dienst.

Hjalmar. Dann also später?

Gina. Ja, da kam ich doch nach Hause. Und Mutter – die war nicht so rejell, wie Du geglaubt hast, Ekdal; sie redete und redete das Blaue vom Himmel herunter; denn Werle, der war ja doch Witwer geworden.

Hjalmar. Nun, und dann?

Gina. Ja, es ist besser, Du bekommst es zu wissen. Er ließ mir keine Ruhe, bis er seinen Willen hatte.

Hjalmar *schlägt die Hände zusammen*. Und das ist die Mutter meines Kindes! Wie konntest Du mir so etwas verschweigen!

Gina. Ja, das war unrecht von mir; ich hätte es Dir schon lange sagen sollen.

Hjalmar. *Gleich* hättest Du mir es sagen sollen; – dann hätte ich doch gewußt, was für eine Du warst.

Gina. Aber hättest Du mich dann doch geheiratet?

Hjalmar. Wie kannst Du so etwas denken!

Gina. Na also; und deshalb durfte ich es Dir dazumal nicht sagen. Denn ich hatte mich in Dich doch schon so sehr vergafft, wie Du weißt. Und ich konnte mich doch nicht selbst total unglücklich machen –

Hjalmar *geht umher*. Und das ist die Mutter meiner Hedwig! Und zu wissen, daß alles, was hier meine Augen erblicken – *stößt mit dem Fuße nach einem Stuhl* – mein ganzes Heim, – alles danke ich einem begünstigten Vorgänger! O! Dieser Werle, dieser Verführer!

Gina. Sind Dir die vierzehn, fünfzehn Jahre, die wir zusammen gelebt haben, denn leid?

Hjalmar *stellt sich vor sie hin*. Sag' mal: hat nicht jeden Tag, jede Stunde Dir das Gewissen geschlagen, daß Du, wie eine Spinne, mich in ein Netz von Heimlichkeiten eingesponnen, hast? Antworte mir! Hast Du nicht geächzt in Reue und Qual?

Gina. Ach, bester Ekdal, ich habe mehr wie genug an den Haushalt zu denken gehabt und ans tägliche Geschäft –

Hjalmar. Du wirfst also niemals einen prüfenden Blick auf Deine Vergangenheit!

Gina. Nee, Du, ich hatte weiß Gott diese alten Intriguen schon beinahe vergessen.

Hjalmar. O, diese träge, gefühllose Ruhe! Sie hat für mich etwas so Empörendes. Man denke nur, – nicht einmal Reue!

Gina. Aber sag' mal, Ekdal, – was wäre denn aus Dir geworden, wenn Du nicht so eine Frau wie mich bekommen hättest?

Hjalmar. So eine –!

Gina. Ja, denn ich bin doch immer sozusagen kontanter und süffisanter gewesen als Du. Na, das ist auch selbstverständlich, denn ich bin ja auch ein paar Jahr älter als Du.

Hjalmar. Was aus mir geworden wäre!

Gina. Denn Du warst doch auf allerlei schlimmen Wegen damals, wie Du mich kennen lerntest; das kannst Du doch nicht leugnen.

Hjalmar. Also das nennst Du schlimme Wege? Ach, Du weißt nicht, wie einem Manne zumute ist, wenn er trauert und verzweifelt; – namentlich einem Mann von meinem feurigen Gemüt.

Gina. Nee, nee, kann schon sein. Und ich regaliere ja auch gar nicht darauf, denn Du bist ja so ein herzensguter Mann geworden, wie Du Haus und Herd hattest. – Und nun war es gerade so gemütlich und mollig bei uns, und Hedwig und ich, wir wollten nun auch so nach und nach ein bißchen was auf unser Essen und unsere Kleider verwenden.

Hjalmar. Im Sumpf der Heimlichkeiten, ja!

Gina. Pfui, dieser scheußliche Kerl, daß der auch hier ins Haus passaschieren mußte!

Hjalmar. Auch ich fand, es war gut sein in unserm Heim. Das war ein Irrtum. Woher soll ich jetzt die nötige Spannkraft nehmen, um die Erfindung in die Welt der Wirklichkeit hinüberzuführen? Vielleicht stirbt sie mit mir. Und dann, Gina, ist es Deine Vergangenheit, die sie gemordet hat.

Gina *dem Weinen nahe*. Nein, so etwas darfst Du nicht sagen, Ekdal. Ich habe doch mein Lebtag immer nur Dein Bestes gewollt!

Hjalmar. Ich frage, – was wird jetzt aus dem Traum des Familienvaters? Wenn ich da drin auf dem Sofa lag und über die Erfindung nachsann, da ahnte ich wohl, sie würde meine letzte Lebenskraft aufzehren. Ich fühlte wohl, daß der Tag, an dem ich das Patent in meinen Händen halten würde, – daß dieser Tag mein – Abschiedstag sein würde. Und mein Traum war immer, Du solltest dann als die wohlhabende Witwe des heimgegangenen Erfinders zurückbleiben.

Gina *trocknet ihre Tränen*. Nein, so darfst Du nicht reden, Ekdal. Der liebe Gott soll mich nie den Tag erleben lassen, wo ich als Witwe dasitze!

Hjalmar. Ach, ist ja egal. Denn nun ist ja doch alles vorbei. Alles!

__Gregers__ öffnet behutsam die Flurtür und sieht herein.

Gregers. Darf ich eintreten?

Hjalmar. Ja, komm nur.

Gregers *tritt mit strahlendem, zufriedenem Gesicht ein und will beiden die Hände reichen.* Na, Ihr lieben Menschen –! *Sieht sie abwechselnd an und flüstert Hjalmar zu:* Noch nicht geschehen?

Hjalmar *laut.* Es *ist* geschehen!

Gregers. Wirklich?

Hjalmar. Ich habe die bitterste Stunde meines Lebens durchlebt.

Gregers. Aber auch die erhebendste, denke ich.

Hjalmar. Na, fürs erste wären wir die Sache wenigstens los.

Gina. Gott verzeih' Ihnen, Herr Werle.

Gregers *sehr erstaunt.* Aber das verstehe ich nicht.

Hjalmar. Was verstehst Du nicht?

Gregers. Eine so große Abrechnung, – eine Abrechnung, auf die sich eine ganz neue Lebensführung gründen soll, – eine Lebensführung, ein Zusammenleben in Wahrheit und ohne Heimlichkeiten –

Hjalmar. Ja, ich weiß schon; ich weiß es ganz gut.

Gregers. Ich hatte bestimmt erwartet: wenn ich durch die Tür eintrete, so würde mir vom Antlitz des Mannes wie der Frau das Licht der Verklärung entgegenstrahlen. Und jetzt erblicke ich nur ein dumpfes, schweres, trauriges –

Gina. Na ja.

Nimmt den Schirm von der Lampe.

Gregers. Sie wollen mich nicht verstehen, Frau Ekdal. Nun ja; Sie brauchen wohl auch Zeit –. Aber *Du*, Hjalmar! *Du* hast doch wohl von der großen Abrechnung eine höhere Weihe empfangen.

Hjalmar. Ja natürlich habe ich das. Das heißt, – gewissermaßen.

Gregers. Denn nichts auf der Welt ist doch wohl dem Glück zu vergleichen, Vergebung für eine Sünderin zu haben und sie in Liebe zu sich empor zu ziehen.

Hjalmar. Meinst Du, ein Mann schluckt so leicht die bittere Pille, die mir eben gereicht worden ist?

Gregers. Nein, ein *gewöhnlicher* Mann nicht; das mag sein. Aber ein Mann wie Du –!

Hjalmar. Herrgott ja, das weiß ich. Aber Du mußt mich anfeuern, Gregers. Sieh mal, es gehört Zeit dazu.

Gregers. Du hast in Dir *viel* von der Wildente, Hjalmar.

Relling ist durch die Flurtür eingetreten.

Relling. So. Was ist denn schon wieder mit der Wildente los?

Hjalmar. Des alten Werle flügelwunde Jagdbeute, ach ja!

Relling. Des alten Werle –? Von *ihm* redet Ihr?

Hjalmar. Von ihm und – uns.

Relling *halblaut zu Gregers*. Der Teufel soll Sie holen!

Hjalmar. Was sagst Du da?

Relling. Ich gebe nur meinem Herzenswunsch Ausdruck, der Quacksalber möge sich nach Hause scheren. Bleibt er noch länger, so ist er imstande und macht Euch beide noch ganz verdreht.

Gregers. Die beiden macht man nicht verdreht, Herr Relling. Von Hjalmar will ich gar nicht reden. Ihn kennen wir. Aber auch sie hat zweifellos auf dem Grunde ihres Wesens etwas Zuverlässiges, etwas Vertrauenswürdiges –

Gina *weinerlich*. Dann hätten Sie mich doch nur so lassen sollen, wie ich *war*.

Relling *zu Gregers*. Ist es unbescheiden, wenn ich frage, was Sie eigentlich hier im Hause wollen?

Gregers. Ich will eine wahre Ehe stiften.

Relling. Sie finden also, Ekdals Ehe wäre nicht gut so wie sie ist?

Gregers. Leider ist sie sicherlich ebenso gut wie viele andere Ehen. Aber eine *wahre* Ehe ist sie noch nicht geworden.

Hjalmar. Du, Relling, Du hast nie ein Auge gehabt für die ideale Forderung.

Relling. Blech, mein Junge! – Pardon, Herr Werle; wie viel – nur so in Bausch und Bogen – wie viel wahre Ehen haben Sie denn schon in Ihrem Leben gesehen?

Gregers. Ich glaube allerdings kaum, daß ich auch nur eine gesehen habe.

Relling. Ich auch nicht.

Gregers. Aber ich habe ungezählte Ehen der entgegengesetzten Art gesehen. Und ich habe Gelegenheit gehabt, in der Nähe zu sehen, was eine solche Ehe in einem Menschenpaar alles zerstören kann.

Hjalmar. Der ganze moralische Grund und Boden kann unter eines Mannes Füßen wanken; *das* ist das Schreckliche.

Relling. Ja, ich bin ja niemals so eigentlich verheiratet gewesen; deshalb kann ich diese Dinge nicht beurteilen. Aber so viel weiß ich doch, daß bei einer Ehe das *Kind* auch mit dazu gehört. Und das Kind werdet Ihr mir in Frieden lassen.

Hjalmar. Ach, – Hedwig! Meine arme Hedwig!

Relling. Ja, Hedwig, die laßt mir gefälligst aus dem Spiel. Ihr seid zwei erwachsene Leute; Euer eheliches Verhältnis, das verhudelt und verschandelt in Gottes Namen, soviel Ihr wollt. Aber mit Hedwig müßt Ihr vorsichtig sein, das sag' ich Euch, sonst könnt Ihr eines Tages ihr ein Leid zufügen.

Hjalmar. Ein Leid!

Relling. Ja, oder es kommt dahin, daß sie sich selbst ein Leid antut – und vielleicht andern mit.

Gina. Woher können Sie so etwas wissen, Relling?

Hjalmar. Es ist doch wohl keine unmittelbare Gefahr für die Augen?

Relling. Das hat nichts mit den Augen zu tun. Aber Hedwig ist in einem bedenklichen Alter. Sie kann auf alle möglichen dummen Geschichten verfallen.

Gina. Ja, denken Sie bloß – das tut sie auch! Sie fängt jetzt an, draußen in der Küche so eklig mit dem Feuer herumzuhantieren. Das nennt sie Feuersbrunst spielen. Ich bin manchmal ordentlich bange, daß sie das Haus ansteckt.

Relling. Sehen Sie wohl; ich habe es wohl gewußt.

Gregers *zu Relling*. Aber wie erklären Sie sich das?

Relling *mürrisch*. Sie ist im Stimmwechsel, mein Lieber.

Hjalmar. Solange das Kind *mich* hat –! So lange ich noch nicht unter dem grünen Rasen –!

Es klopft.

Gina. Pst, Ekdal; auf dem Flur sind Leute. *Ruft*. Herein!

***Frau Sörby** im Straßenkostüm tritt ein.*

Frau Sörby. Guten Abend!

Gina *geht ihr entgegen*. Seh' einer, Du, Berta?

Frau Sörby. Jawohl, in eigener Person. Aber ich komme am Ende ungelegen?

Hjalmar. I bewahre! Eine Botschaft aus *dem* Hause –

Frau Sörby *zu Gina*. Offen gestanden, ich hatte nicht gedacht, Deine Mannsleute um diese Zeit zu Hause zu treffen; und so bin ich rasch zu einer kleinen Ansprache zu Dir heraufgesprungen und zum Adieusagen.

Gina. So? Du verreist?

Frau Sörby. Ja, morgen früh; – nach Höjdal. – Herr Werle ist heut nachmittag gereist. *Flüchtig zu Gregers*. Soll schönstens von ihm grüßen.

Gina. Denk nur an –!

Hjalmar. So? Herr Werle ist fort? Und Sie reisen ihm nach?

Frau Sörby. Ja, was sagen Sie *dazu*, Ekdal?

Hjalmar. Nehmen Sie sich in acht, sage ich.

Gregers. Ich will es Dir erklären. Mein Vater heiratet Frau Sörby.

Hjalmar. Heiratet sie!

Gina. Ach, Berta, so kommt es endlich dazu!

Relling *mit leise zitternder Stimme*. Das ist doch wohl nicht wahr?

Frau Sörby. Ja, mein guter Relling, es ist wirklich wahr.

Relling. Sie wollen sich wieder verheiraten?

Frau Sörby. Ja, – wird wohl so kommen. Werle hat einen Heiratsschein gelöst; und nun machen wir in aller Stille Hochzeit da oben auf dem Werk.

Gregers. Als guter Stiefsohn muß ich Ihnen dann wohl Glück wünschen.

Frau Sörby. Ich danke Ihnen, – wenn Sie es ernst meinen. Und ich hoffe auch, es wird zu Werles wie zu meinem Glück sein.

Relling. In der Hoffnung werden Sie sich nicht täuschen. Herr Werle besäuft sich nie, – soviel *ich* weiß; und er hat auch sicher nicht die Gewohnheit, seine Frauen krumm und lahm zu schlagen, wie es der selige Pferdedoktor getan hat.

Frau Sörby. Ach, lassen Sie doch Sörby in seinem Grabe ruhen. Er hatte doch auch seine guten Seiten.

Relling. Aber Herr Werle, der hat die besseren Seiten, – offenbar.

Frau Sörby. Wenigstens hat er nicht sein Bestes vergeudet und vertan. Der Mann, der *das* tut, hat auch die Folgen zu tragen.

Relling. Heute gehe ich mit Molvik aus.

Frau Sörby. Das sollten Sie nicht, Relling. Tun Sie es nicht; – mir zuliebe.

Relling. Daran ist nun einmal nichts zu ändern. *Zu Hjalmar.* Willst Du mit, so komm.

Gina. Nein, danke schön. Ekdal macht so 'ne Extratouren nicht mit.

Hjalmar *ärgerlich, halblaut*. Ach, so halt doch den Mund!

Relling. Adieu, Frau – Werle.

Ab durch die Flurtür.

Gregers *zu Frau Sörby*. Es scheint, Sie und Relling kennen einander ziemlich genau?

Frau Sörby. Ja, wir kennen uns seit vielen Jahren. Es gab eine Zeit, da es mit uns etwas hätte werden können.

Gregers. Es war doch wohl gut für Sie, daß nichts daraus geworden ist.

Frau Sörby. Ja, da haben Sie schon recht. Aber ich habe mich immer gehütet, nach Eingebungen zu handeln. Eine Frau darf sich doch auch nicht ganz wegwerfen.

Gregers. Sind Sie gar nicht bange, ich könnte meinem Vater die Geschichte mit dieser alten Bekanntschaft hinterbringen?

Frau Sörby. Sie können sich doch denken, daß ich ihm das selbst gesagt habe.

Gregers. So?

Frau Sörby. Ihr Vater weiß auch die kleinste Kleinigkeit, die die Leute mit einem Schein von Wahrheit über mich sagen könnten. So etwas habe ich ihm alles gesagt. Es war das erste, was ich getan habe, als er merken ließ, daß er Absichten hätte.

Gregers. Dann sind Sie ungewöhnlich offenherzig, finde ich.

Frau Sörby. Offenherzig bin ich immer gewesen. Damit kommen wir Frauenzimmer am weitsten.

Hjalmar. Was sagst Du dazu, Gina?

Gina. Ach, wir Frauenzimmer sind recht sehr verschieden. Die eine macht's so, die andere anders.

Frau Sörby. Ja, Gina, *ich* halte es für das Gescheiteste, es so zu machen, wie ich es getan habe. Auch Werle hat aus nichts ein Hehl gemacht, was seine Person betrifft. Sieh, *das* hat uns gerade so fest verbunden. Jetzt kann er sitzen und mit mir reden so offen wie ein Kind. Dazu hat er früher nie Gelegenheit gehabt. Dieser gesunde, lebenskräftige Mann hat während seiner ganzen Jugend und seiner besten Jahre nichts anderes gehört als Strafpredigten. Und manches Mal drehten sich diese Strafpredigten nur um Hirngespinste von Vergehen, – nach allem, was ich gehört habe.

Gina. Ja, so wie Du es gehört hast, so ist es auch.

Gregers. Wenn die Damen sich auf dies Gebiet begeben wollen, so empfehle ich mich lieber.

Frau Sörby. Deswegen können Sie ganz ruhig hier bleiben. Ich werde kein Wort weiter sagen. Aber ich wollte nur, Sie sollten wissen, daß ich weder mit Heimlichkeiten noch sonst mit Arglist zu Werke gegangen bin. Es sieht vielleicht so aus, als machte ich ein ungeheuer großes Glück; und in gewisser Beziehung ist es ja auch der Fall. Aber ich meine doch, daß ich nicht mehr nehme, als ich gebe. Ich werde ihn nie und nimmer im Stich lassen. Und ihm dienen und nützlich sein, das kann ich besser als jeder andere, jetzt, da er bald hilflos sein wird.

Hjalmar. Hilflos wird er sein?

Gregers *zu Frau Sörby.* Nun ja, aber reden Sie nicht davon.

Frau Sörby. Es nützt nichts, es länger zu verheimlichen, so gern er das auch möchte. Er wird blind.

Hjalmar *stutzt.* Er wird blind ? Das ist doch sonderbar. Auch er wird blind?

Gina. Das werden ja so viele.

Frau Sörby. Und man kann sich wohl vorstellen, was *das* für einen Geschäftsmann heißen will. Na, ich will versuchen, meine Augen für ihn zu gebrauchen, so gut ich vermag. Aber nun darf ich nicht länger bleiben; ich habe jetzt alle Hände voll zu tun. – Ja, was ich Ihnen sagen sollte, Ekdal: wenn Werle Ihnen mit irgend etwas dienen kann, so sollten Sie sich nur an Gråberg wenden.

Gregers. Für dieses Anerbieten wird sich Hjalmar Ekdal gewiß bedanken.

Frau Sörby. Ja so! Aber ich meine doch, er hat früher – –

Gina. Ja, Berta, Ekdal braucht jetzt nichts mehr von Herrn Werle anzunehmen.

Hjalmar *langsam und mit Nachdruck.* Grüßen Sie bitte Ihren künftigen Mann von mir und sagen Sie ihm, ich beabsichtigte in der nächsten Zeit zu Herrn Gråberg zu gehen –

Gregers. Was! Du wolltest –?

Hjalmar. – zu Herrn Gråberg zu gehen, sage ich, um einen Auszug über den Betrag zu verlangen, den ich seinem Prinzipal schulde. Ich will diese Ehrenschuld bezahlen –; hahaha, das muß man eine Ehrenschuld nennen! Aber genug. Ich werde alles mit fünf Prozent Zinsen zurückzahlen.

Gina. Aber, liebster Ekdal, dazu haben wir doch, weiß Gott, das Geld nicht.

Hjalmar. Sagen Sie bitte Ihrem Verlobten, daß ich unverdrossen an meiner Erfindung arbeite. Sagen Sie ihm, bitte: was meine Geisteskräfte bei dieser anstrengenden Beschäftigung aufrecht erhält, das ist der Wunsch, eine peinliche Schuldenlast los zu werden. Deshalb mache ich die Erfindung. Den ganzen Ertrag werde ich dazu verwenden, mich der pekuniären Verpflichtungen gegen Ihren künftigen Ehegatten zu entledigen.

Frau Sörby. Hier im Haus ist irgend etwas passiert.

Hjalmar. Allerdings.

Frau Sörby. Na, adieu also. Ich hätte gern noch ein bißchen mit Dir geplaudert, Gina; na, auf ein ander Mal. Adieu.

Hjalmar und Gregers grüßen, stumm; Gina begleitet Frau Sörby zur Tür.

Hjalmar. Nicht weiter als bis zur Schwelle, Gina!

Frau Sörby geht; Gina schließt die Tür hinter ihr ab.

Hjalmar. So, Gregers; nun bin ich diesen drückenden Schuldposten doch los.

Gregers. Wenigstens bald.

Hjalmar. Ich glaube, man muß meine Haltung korrekt nennen.

Gregers. Du bist der Mann, für den ich Dich immer gehalten habe.

Hjalmar. In gewissen Fällen ist es unmöglich, sich über die idealen Ansprüche hinwegzusetzen. Als Familienvater kommt es mir ja sehr hart an. Denn Du kannst glauben, es ist wahrhaftig kein Spaß für einen unbemittelten Mann, eine langjährige Schuldforderung einlösen zu sollen, auf die sich sozusagen bereits der Staub der Vergessenheit gelegt hatte. Aber das ist nun einerlei; der Mensch in mir verlangt auch sein Recht.

Gregers *legt die Hand auf seine Schultern*. Lieber Hjalmar, – war es nun nicht gut, daß ich gekommen bin?

Hjalmar. Ja.

Gregers. Daß Du Klarheit bekommen hast über alle Verhältnisse, – war das nicht gut?

Hjalmar *etwas ungeduldig*. Gewiß war das gut. Aber *eins* empört meinen Gerechtigkeitssinn.

Gregers. Und das wäre?

Hjalmar. Daß – ja, ich weiß nicht, ob ich mich so rückhaltlos über Deinen Vater äußern darf.

Gregers. Auf mich brauchst Du gar keine Rücksicht zu nehmen.

Hjalmar. Na schön. Ja, siehst Du, ich meine, der Gedanke hat etwas so Empörendes, daß nun nicht ich es bin, sondern daß er es ist, der die wahre Ehe verwirklicht.

Gregers. Aber wie kannst Du nur so etwas sagen!

Hjalmar. Gewiß ist es so. Dein Vater und Frau Sörby gehen doch jetzt eine Ehe ein, die auf volles Vertrauen gegründet ist, auf ganze und unbedingte Offenheit von beiden Seiten; sie bemänteln nichts vor einander; keinerlei Heimlichkeit steckt hinter dem Verhältnis; es ist zwischen ihnen – wenn ich mich so ausdrücken darf – eine gegenseitige Sündenvergebung verkündet worden.

Gregers. Nun ja, und weiter?

Hjalmar. Ja, aber so ist doch da alles, wie es sein soll. Nach dem, was Du gesagt hast, gehörten ja doch diese ganzen Fatalitäten dazu, um die wahre Ehe zu begründen.

Gregers. Aber das ist doch ganz etwas andres, Hjalmar. Du wirst doch nicht Dich und sie mit den beiden da vergleichen wollen –? Na, Du verstehst mich schon.

Hjalmar. Aber ich komme doch nicht darüber hinweg, daß bei dieser ganzen Geschichte etwas ist, das mein Rechtsbewußtsein verletzt und kränkt. Es sieht doch gerade so aus, als gäbe es überhaupt keine gerechte Weltordnung.

Gina. Pfui, Ekdal, so was darfst Du doch wahrhaftigen Gott nicht sagen.

Gregers. Hm; lassen wir lieber diese Fragen ruhen.

Hjalmar. Andererseits aber ist es doch wieder, als sähe ich die ausgleichende Hand des Schicksals. Er erblindet ja.

Gina. Ach, das ist doch noch nicht so sicher.

Hjalmar. Es ist unzweifelhaft. *Wir* dürfen daran wenigstens nicht zweifeln; denn grade in diesem Faktum liegt die gerechte Vergeltung. Er hat seiner Zeit ein vertrauensseliges Mitgeschöpf blind gemacht –

Gregers. Leider, er hat viele blind gemacht.

Hjalmar. Und nun kommt ein Unerbittliches, Rätselhaftes und fordert Werles eigne Augen.

Gina. Nein, was für häßliche Reden Du führst. Mir wird ganz bange.

Hjalmar. Es ist nützlich, sich dann und wann einmal in die Nachtseiten des Daseins zu vertiefen.

Hedwig, mit Hut und Mantel, kommt fröhlich und außer Atem durch die Flurtür herein.

Gina. Bist Du schon wieder da?

Hedwig. Ja, ich mochte nicht mehr gehen. Und das war gut; denn nun habe ich wen in der Haustür getroffen.

Hjalmar. Das war wohl diese Frau Sörby.

Hedwig. Ja.

Hjalmar *auf und ab gehend*. Ich will hoffen, Du hast sie zum letzten Mal gesehen.

Pause. Hedwig sieht verlegen bald den einen, bald den andern an, wie um die Stimmung zu erforschen.

Hedwig *nähert sich einschmeichelnd*. Vater –

Hjalmar. Na, – was gibt's, Hedwig?

Hedwig. Frau Sörby hat mir etwas mitgebracht.

Hjalmar *bleibt stehen*. Dir?

Hedwig. Jawohl, – etwas für morgen.

Gina. Berta hat Dir zu dem Tag immer eine Kleinigkeit gebracht.

Hjalmar. Was ist es denn?

Hedwig. Nein, das sollst Du jetzt noch nicht wissen; denn Mutter soll es mir morgen früh aufs Bett legen.

Hjalmar. Ach, diese Durchstechereien hinter meinem Rücken!

Hedwig *hastig*. Nein, Du kannst es schon sehen. Es ist ein großer Brief. *Nimmt den Brief aus der Manteltasche.*

Hjalmar. Ein Brief auch?

Hedwig. Ja, es ist *nur* ein Brief. Das andere kommt wohl später. Denk nur – ein Brief! Ich habe noch nie einen Brief gekriegt. Und dann steht „Fräulein " auf dem Kouvert. *Liest:* "Fräulein Hedwig Ekdal". Du, – das bin ich.

Hjalmar. Laß den Brief mal sehen.

Hedwig *reicht ihm den Brief.* Da ist er.

Hjalmar. Das ist Werles Hand.

Gina. Weißt Du das sicher, Ekdal?

Hjalmar. Da, sieh selbst.

Gina. Ach, meinst Du, daß ich mich auf so etwas verstehe?

Hjalmar. Hedwig, darf ich den Brief öffnen – und ihn lesen?

Hedwig. Ja, gerne, wenn Du willst.

Gina. Nein, nicht jetzt, Ekdal; er ist doch für morgen.

Hedwig *leise.* Ach, so laß ihn doch lesen! Es ist gewiß etwas Gutes; und dann wird Vater vergnügt und dann wird es hier wieder lustig.

Hjalmar. Ich darf ihn also öffnen?

Hedwig. Ja, bitte, bitte, Vater. Es wäre nett, zu erfahren, was drin steht!

Hjalmar. Gut. *Öffnet den Brief, nimmt ein Papier heraus, liest es durch und scheint verwirrt.* Was bedeutet das –?

Gina. Was steht denn drin?

Hedwig. Ach ja, Vater – sag's!

Hjalmar. Seid Still! *Liest es noch einmal durch; er ist bleich geworden, aber sagt mit Fassung:* Es ist ein Schenkungsbrief, Hedwig.

Hedwig. Denk nur an! Was kriege ich denn?

Hjalmar. Lies selbst.

Hedwig *geht hin und liest einen Augenblick unter der Lampe.*

Hjalmar *halblaut, ballt die Fäuste.* Die Augen! Die Augen! – und dazu der Brief!

Hedwig *unterbricht das Lesen*. Ja, aber mir scheint, das ist für Großvater bestimmt.

Hjalmar *nimmt ihr den Brief weg*. Du, Gina, – verstehst Du das?

Gina. Ich weiß ja kein Sterbenswörtchen; so sprich doch!

Hjalmar. Werle schreibt an Hedwig, ihr alter Großvater brauchte sich nicht mehr mit Schreibarbeiten zu befassen, er könnte vielmehr von jetzt an hundert Kronen monatlich auf dem Kontor erheben –

Gregers. Aha!

Hedwig. Hundert Kronen, Mutter! Das steht drin.

Gina. Das ist ja ein Glück für Großvater.

Hjalmar. – hundert Kronen, solange er es nötig hat, – das soll natürlich heißen, bis er seine Augen geschlossen hat.

Gina. Na, dann ist er ja versorgt, der arme Kerl.

Hjalmar. Aber jetzt kommt es. Das hast Du wohl nicht gelesen, Hedwig. Später soll diese Schenkung auf Dich übergehen.

Hedwig. Auf mich? Alles zusammen?

Hjalmar. Dieselbe Summe wäre Dir für Dein ganzes Leben gesichert, schreibt er. Hörst Du's, Gina?

Gina. Ja, ich höre schon.

Hedwig. Denk nur – das viele Geld, das ich bekomme! *Rüttelt ihn.* Vater, Vater, bist Du denn nicht vergnügt?

Hjalmar *weicht ihr aus*. Vergnügt! *Geht umher.* Welche Fernsicht, – welche Perspektiven eröffnen sich meinen Augen! Hedwig ist es; *sie* ist es, die er so reich bedenkt!

Gina. Na ja, Hedwig, die hat doch Geburtstag –

Hedwig. Und Du kriegst es ja doch, Vater! Du kannst Dir doch wohl denken, daß ich Dir und Mutter alles Geld gebe.

Hjalmar. Mutter – ja! Da haben wir's.

Gregers. Hjalmar, das ist eine Falle, die Dir gestellt wird.

Hjalmar. Meinst Du, es wäre schon wieder eine Falle?

Gregers. Als er heute morgen hier war, da sagte er: Hjalmar Ekdal ist nicht der Mann, für den Du ihn ansiehst.

Hjalmar. Nicht der Mann –!

Gregers. Das wirst Du sehen, sagte er.

Hjalmar. Du würdest sehen, daß ich mich mit Geld abspeisen ließe –!

Hedwig. Aber Mutter, was hat denn das zu bedeuten?

Gina. Geh und zieh Dein Zeug aus.

Hedwig geht, dem Weinen nahe, durch die Küchentür ab.

Gregers. Hjalmar, – jetzt wird es sich zeigen, wer recht hat, er oder ich.

Hjalmar *reißt das Papier langsam mitten durch, legt beide Stücke auf den Tisch und sagt*: Das ist meine Antwort.

Gregers. Das habe ich erwartet.

Hjalmar *geht zu Gina, die am Ofen sitzt und sagt mit gedämpfter Stimme*: Und jetzt keine Heimlichkeiten mehr. Wenn das Verhältnis zwischen Dir und ihm ganz zu Ende war, als Du Dich in mich schon so sehr vergafft hattest, wie Du Dich ausdrückst, – warum hat er es uns denn ermöglicht, daß wir uns heirateten?

Gina. Er hat wohl gedacht, er könnte hier ein- und ausgehen.

Hjalmar. Nur *das*? Hat er nicht eine gewisse Möglichkeit gefürchtet?

Gina. Ich verstehe nicht, was Du meinst.

Hjalmar. Ich will wissen, ob – Dein Kind ein Recht hat, unter meinem Dach zu leben.

Gina *richtet sich hoch auf, ihre Augen blitzen*. Und das fragst *Du*!

Hjalmar. Du sollst mir auf diese *eine* Frage antworten: Gehört Hedwig mir – oder –? Na!

Gina *sieht ihn mit kaltem Trotz an*. Ich weiß nicht.

Hjalmar *zittert leicht*. Du weißt es nicht!

Gina. Wie kann *ich* das wissen? So eine wie *ich* bin –

Hjalmar *still, kehrt ihr den Rücken.* Dann habe ich hier im Hause nichts weiter zu suchen.

Gregers. Überleg' es Dir, Hjalmar!

Hjalmar *zieht seinen Überzieher an.* Hier ist nichts zu überlegen für einen Mann, wie mich.

Gregers. Doch; hier gibt es unendlich viel zu überlegen. Ihr drei müßt zusammenbleiben, wenn Du Dich zu der Opferstimmung der großen Vergebung durchringen willst.

Hjalmar. Das will ich nicht. Nimmer-, nimmermehr! Meinen Hut! *Nimmt den Hut.* Mein Heim liegt rings um mich her in Trümmern. *Bricht in Tränen aus.* Gregers, ich habe kein Kind mehr!

Hedwig, *die die Küchentür geöffnet hat.* Was sagst Du! *Hin zu ihm.* Vater, Vater!

Gina. Na also!

Hjalmar. Komm mir nicht nahe, Hedwig! Geh weg, – weit weg. Ich ertrage Deinen Anblick nicht. O, die Augen –! Lebt wohl. *Will zur Tür.*

Hedwig *hängt sich fest an ihn und schreit laut:* Nicht doch! Nicht doch! Bleib bei mir!

Gina *ruft:* Sieh das Kind an, Ekdal! Sieh das Kind an!

Hjalmar. Ich will nicht! Ich kann nicht! Ich muß fort – heraus aus der ganzen Geschichte! *Reißt sich los von Hedwig und geht durch die Flurtür.*

Hedwig *mit verzweifelten Blicken.* Er geht von uns, Mutter! Er geht von uns! Er kommt nie wieder!

Gina. Weine nur nicht, Hedwig. Vater kommt schon wieder.

Hedwig *wirft sich schluchzend aufs Sofa.* Nein, nein, er kommt nie wieder zu uns zurück.

Gregers. Glauben Sie mir, Frau Ekdal, ich wollte alles zum Guten wenden!

Gina. Ja, mag wohl sein; aber trotzdem möge Ihnen Gott verzeihen.

Hedwig *liegt auf dem Sofa.* Ach, ich glaube, ich muß dran sterben! Was habe ich ihm denn getan? Mutter, Du mußt ihn wieder herholen!

Gina. Ja, ja, ja. Sei bloß ruhig, dann gehe ich aus und suche ihn. *Zieht den Mantel an.* Vielleicht ist er zu Relling hineingegangen. Aber nun darfst Du nicht mehr da liegen und heulen. Versprichst Du mir das?

Hedwig *krampfhaft weinend.* Ja, ich will es nicht mehr tun; wenn nur Vater wiederkommt.

Gregers *zu Gina, die gehen will.* Wäre es nicht doch besser, wenn Sie ihn seinen Schmerzenskampf erst zu Ende kämpfen ließen?

Gina. Ach was, das kann er nachher tun. Vor allen Dingen müssen wir zusehen, wie wir das Kind in Ruh' kriegen. *Ab durch die Flurtür.*

Hedwig *richtet sich auf und trocknet ihre Tränen.* Jetzt müssen Sie mir sagen, was das zu bedeuten hat. Weshalb will Vater nichts mehr von mir wissen?

Gregers. Das dürfen Sie erst fragen, wenn Sie groß und erwachsen sind.

Hedwig *schluchzt.* Aber ich kann doch nicht immer so gräßlich betrübt bleiben, bis ich groß und erwachsen bin. – Ich weiß schon, was es ist. – Vielleicht bin ich nicht Vaters richtiges Kind.

Gregers *unruhig.* Wie sollte *das* wohl zugehen?

Hedwig. Mutter kann mich ja gefunden haben. Und nun hat es Vater vielleicht erfahren. Von solchen Sachen habe ich schon gelesen.

Gregers. Na, und wenn es so wäre –

Hedwig. Ja, ich meine, dann könnte er deswegen mich doch ebenso lieb haben. Ja, vielleicht noch lieber. Die Wildente, die haben wir ja auch zum Geschenk bekommen, und doch habe ich sie so furchtbar lieb.

Gregers *ablenkend.* Ja, richtig! Die Wildente! Reden wir ein bißchen von der Wildente, Hedwig.

Hedwig. Die arme Wildente! Die kann er auch nicht mehr vor Augen sehen. Denken Sie bloß, er möchte ihr am liebsten den Hals umdrehen!

Gregers. Ach, das tut er doch sicher nicht.

Hedwig. Nein, – aber er hat es gesagt. Und das finde ich so häßlich von Vater, so was zu sagen. Denn jeden Abend bete ich für die Wildente und bitte Gott, daß sie vor dem Tode und allem Übel bewahrt bleiben möge.

Gregers *sieht sie an*. Sagen Sie immer Ihr Abendgebet?

Hedwig. Ja gewiß.

Gregers. Wer hat Sie dazu angehalten?

Hedwig. Ich mich selbst. Denn Vater war einmal so krank und hatte Blutegel am Hals; und da sagte er, der Tod säße ihm im Nacken.

Gregers. Und da –?

Hedwig. Da habe ich für ihn gebetet abends im Bett. Und seitdem bin ich dabei geblieben.

Gregers. Und jetzt beten Sie auch für die Wildente?

Hedwig. Ich meinte, es wäre besser, die Wildente mit einzuschließen; denn sie war so kränklich im Anfang.

Gregers. Sie sagen wohl auch Ihr Morgengebet?

Hedwig. I nein, das tue ich nicht!

Gregers. Weshalb denn nicht auch das Morgengebet?

Hedwig. Morgens ist es ja doch hell; und da braucht man sich doch vor nichts weiter zu fürchten.

Gregers. Und der Wildente, die Sie so furchtbar gern haben, der wollte Ihr Vater den Hals umdrehen?

Hedwig. Nein, er sagte, es wäre für ihn das beste, wenn er es täte. Aber mir zuliebe wolle er sie schonen. Und das war doch nett von Vater.

Gregers *ein wenig näher*. Wenn *Sie* nun aber ihm zuliebe freiwillig die Wildente opferten?

Hedwig *steht auf*. Die Wildente!

Gregers. Wenn Sie nun opferwillig das Beste für ihn hingäben, was Sie haben und kennen auf der Welt?

Hedwig. Glauben Sie, *das* würde helfen?

Gregers. Versuchen Sie es, Hedwig.

Hedwig *leise, mit leuchtenden Augen*. Ja, ich will es versuchen.

Gregers. Und glauben Sie auch, Sie haben die rechte Seelenkraft dazu?

Hedwig. Ich will Großvater bitten, für mich die Wildente totzuschießen.

Gregers. Ja, tun Sie das. Aber kein Wort davon zu Ihrer Mutter!

Hedwig. Warum nicht?

Gregers. Sie versteht uns nicht.

Hedwig. Die Wildente? Ich will es morgen früh versuchen!

Gina tritt durch die Flurtür ein.

Hedwig *ihr entgegen*. Hast Du ihn gefunden, Mutter?

Gina. Nein, aber ich hörte, daß er bei Relling drin gewesen ist und ihn mitgenommen hat.

Gregers. Wissen Sie das sicher?

Gina. Ja, die Portierfrau hat es mir gesagt. Molvik wäre auch mitgegangen, sagte sie.

Gregers. Und das in diesem Augenblick, wo seine Seele so sehr danach verlangt, in Einsamkeit zu kämpfen!

Gina *legt ihre Sachen ab*. Ja, die Mannsleute, die sind unterschiedlich. Gott mag wissen, wo Relling ihn hinverschleppt hat! Ich bin zu Madam Eriksen hinübergerannt; aber *da* waren sie nicht.

Hedwig *kämpft mit den Tränen*. O, wenn er nun nie mehr nach Hause kommt!

Gregers. Er *kommt* wieder nach Hause. Ich werde ihn morgen früh aufsuchen; und dann werden Sie sehen, *wie* er kommt. Deshalb können Sie ruhig schlafen, Hedwig. Gute Nacht.

Ab durch die Flurtür.

Hedwig *wirft sich schluchzend Gina an die Brust*. Mutter, Mutter!

Gina *klopft sie auf den Rücken und seufzt*. Ach ja, Relling, der hatte recht. So geht es, wenn verdrehte Kerls kommen und die intrikate Forderung pressentieren.

Fünfter Akt

Hjalmar Ekdals Atelier.

Ein kaltes, graues Morgenlicht fällt herein; nasser Schnee liegt auf den großen Scheiben des Dachfensters.

***Gina**, eine Latzschürze vor, kommt aus der Küche mit einem Staubbesen und einem Wischtuch und geht auf die Wohnstube zu. In demselben Augenblick kommt **Hedwig** schnell aus dem Flur herein.*

Gina *bleibt stehen*. Na?

Hedwig. Ja, Mutter, ich glaube fast, er ist bei Relling unten –

Gina. Siehst Du wohl!

Hedwig. – denn die Portierfrau sagte, sie hätte gehört, daß Relling Stücker zwei mitgebracht hätte, als er nachts nach Hause kam.

Gina. Hab's mir doch gedacht.

Hedwig. Aber das nützt ja nichts, wenn er nicht zu uns heraufkommen mag.

Gina. Dann will ich doch wenigstens hinuntergehen und mit ihm reden.

*Der **alte Ekdal**,in Schlafrock und Pantoffeln und mit brennender Pfeife, erscheint in der Tür seines Zimmers.*

Ekdal. Du, Hjalmar –. Ist Hjalmar nicht zu Haus?

Gina. Nein, er ist wohl ausgegangen.

Ekdal. So früh? Und bei so einem blödsinnigen Schneegestöber? Na, ja; bitte sehr; ich kann ja auch meine Morgenpromenade allein machen. *Er schiebt die Bodentür zur Seite; Hedwig hilft ihm; ergeht hinein; sie schließt die Tür hinter ihm.*

Hedwig *halblaut*. Du, Mutter, wenn nun der arme Großvater hört, daß Vater von uns weg will.

Gina. Ach, Quark. Großvater darf kein Wort davon hören. Ein wahres Glück, daß er gestern bei dem Skandal nicht zu Hause war.

Hedwig. Ja, aber –

Gregers tritt durch die Flurtür ein.

Gregers. Na? Haben Sie ihn ausfindig gemacht?

Gina. Er soll unten bei Relling sein, heißt es.

Gregers. Bei Relling! Ist er wirklich mit den beiden Menschen aus gewesen?

Gina. Das wird er wohl.

Gregers. Ja, aber *er*, der die Einsamkeit so nötig hatte und die ernsthafte Sammlung –

Gina. Sie haben gut reden.

Relling tritt vom Flur herein.

Hedwig *ihm entgegen*. Ist Vater bei Ihnen?

Gina *zugleich*. Ist er da ?

Relling. Ja, freilich.

Hedwig. Und Sie sagen uns nichts!

Relling. Ja, ich bin ein Bie–iest! Aber erst hatte ich das andre Bie–iest im Zaum zu halten –, den Dämonischen natürlich; und dann schlief ich so fest, ein, daß –

Gina. Was sagt Ekdal heute?

Relling. Gar nichts sagt er.

Hedwig. Spricht er gar nicht?

Relling. Kein Sterbenswort.

Gregers. Na ja; das ist mir sehr begreiflich.

Gina. Aber was macht er denn?

Relling. Er liegt auf dem Sofa und schnarcht.

Gina. So? Ja, Ekdal kann fürchterlich schnarchen.

Hedwig. Er schläft? Er kann schlafen?

Relling. Ja, es hat ganz den Anschein.

Gregers. Ist zu begreifen; nach dem Seelenkampf, der seine Kräfte erschöpft hat –

Gina. Und dann ist er doch nicht dran gewöhnt, sich nachts ausm Haus herumzutreiben.

Hedwig. Mutter, vielleicht ist das gut, daß er schlafen kann.

Gina. Das denke ich auch. Aber dann brauchen wir ihn ja auch nicht so früh munter zu machen. Sie sollen bedankt sein, Relling. Nun muß ich aber erst das Haus ein bißchen rein und nett machen, und dann –. Komm, hilf mir, Hedwig.

Gina und Hedwig ab ins Wohnzimmer.

Gregers *wendet sich Relling zu*. Können Sie mir den geistigen Aufruhr erklären, der jetzt in Hjalmar vorgeht?

Relling. Ich habe wahrhaftig nichts davon bemerkt, daß ein geistiger Aufruhr in ihm vorgeht.

Gregers. Was! An einem solchen Wendepunkt, wo sein ganzes Leben eine neue Grundlage erhält –? Wie können Sie denken, daß eine Persönlichkeit wie Hjalmar –?

Relling. Ach, Persönlichkeit – der! Wenn er jemals Ansätze zu solchen Abnormitäten gehabt hat, die Sie Persönlichkeit nennen, so sind die Wurzeln mitsamt ihren Fasern schon in seinen Knabenjahren gründlich exstirpiert worden; das kann ich Ihnen versichern.

Gregers. *Das* wäre doch merkwürdig – bei der liebevollen Erziehung, die *er* genossen hat.

Relling. Bei den beiden verschrobenen, hysterischen Fräulein Tanten, meinen Sie?

Gregers. Ich kann Ihnen nur sagen, das waren Frauen, die die ideale Forderung nie in Vergessenheit geraten ließen, ja, jetzt werden Sie wieder einen Witz machen.

Relling. Nein, dazu bin ich nicht aufgelegt. Übrigens weiß ich ganz gut Bescheid; denn er hat allerlei gekohlt von diesen seinen „zween Seelenmüttern“. Aber ich glaube nicht, daß er ihnen Großes zu danken hat. Ekdals Unglück ist, daß er in seinem Kreise immer für ein Licht gehalten wurde –

Gregers. Und ist er das vielleicht nicht? In der Tiefe seines Innern, meine ich?

Relling. *Ich* habe nie etwas davon bemerkt. Daß sein Vater es glaubte –, das mag hingehen; denn der alte Leutnant ist ja Zeit seines Lebens ein Rindvieh gewesen.

Gregers. Er ist Zeit seines Lebens ein Mann mit einem Kindergemüt gewesen; *das* begreifen Sie eben nicht.

Relling. Na ja doch! Aber als nun der liebe, süße Hjalmar mit knapper Not Student geworden war, da galt er auch gleich unter seinen Kommilitonen wieder für das große Zukunftslicht. Hübsch war er ja, – das zog, – rot und weiß, – so wie die kleinen Mädchen die Burschen gerade gern haben; und weil er auch dies leichtgerührte Gemüt und das Herzgewinnende in der Stimme hatte, und weil er so schön verstand, die Verse und Gedanken anderer Leute zu deklamieren –

Gregers *zornig*. Sprechen Sie von *Hjalmar Ekdal*?

Relling. Mit Ihrer Erlaubnis – ja: denn so sieht es inwendig aus, das Götzenbild, vor dem Sie auf der Nase liegen.

Gregers. Ich bin doch, meine ich, auch nicht so ganz blind.

Relling. O doch; sehr weit davon sind Sie nicht. Denn sehen Sie, Sie sind auch ein kranker Mann.

Gregers. Da haben Sie recht.

Relling. I ja. Sie sind ein komplizierter Fall. Da ist zuerst dieses lästige Rechtschaffenheitsfieber; und dann, was schlimmer ist, – taumeln Sie fortwährend in einem Vergötterungsdelirium; immer müssen Sie etwas zu bewundern haben außerhalb Ihrer eigenen Angelegenheiten.

Gregers. Freilich muß ich das außerhalb meines eigenen Ichs suchen.

Relling. Aber Sie täuschen sich schandbar in den großen Wunderfliegen, die Sie um sich zu sehen und zu hören glauben. Sie sind wieder einmal in eine Häuslerstube geraten mit der idealen Forderung; hier im Hause wohnen keine solventen Leute.

Gregers. Wenn Sie nicht höher denken von Hjalmar Ekdal, wie kann es Ihnen dann Spaß machen, stets und ständig mit ihm zusammen zu sein?

Relling. Herrgott, ich bin doch nun einmal so etwas wie ein Doktor, zu meiner Schande sei es gesagt; und da muß ich mich wohl der armen Kranken annehmen, die hier mit im Hause wohnen.

Gregers. So! Ist Hjalmar Ekdal auch krank?

Relling. So ungefähr alle Menschen sind krank; leider.

Gregers. Und welche Kur wenden Sie bei Hjalmar an?

Relling. Meine gewöhnliche. Ich sorge dafür, die Lebenslüge in ihm aufrecht zu erhalten.

Gregers. Die Lebens – lüge? Habe ich recht gehört –?

Relling. Ja, ich sagte: die Lebenslüge. Denn sehen Sie, die Lebenslüge, die ist das stimulierende Prinzip.

Gregers. Darf ich fragen, mit was für einer Lebenslüge Hjalmar behaftet ist?

Relling. Da muß ich doch bitten. Solche Geheimnisse verrate ich Quacksalbern nicht. Sie wären imstande, ihn mir noch verdrehter zu machen. Aber die Methode ist probat. Ich habe sie auch bei Molvik angewandt. Den habe ich „dämonisch“ gemacht. *Das* ist die Fontanelle, die ich *ihm* in den Nacken setzen mußte.

Gregers. Ist er denn nicht dämonisch?

Relling. Was, zum Teufel, heißt denn dämonisch? Das ist doch bloß so ein Kohl, den ich erfunden habe, um den Mann am Leben zu erhalten. Hätte ich das nicht getan, so wäre das arme, gute Schwein schon vor manchem lieben Jahr in Selbstverachtung und Verzweiflung zugrunde gegangen. Und nun erst der alte Leutnant! Der hat freilich sich seine Kur selbst erfunden.

Gregers. Leutnant Ekdal? Inwiefern?

Relling. Ja, was meinen Sie wohl, warum dieser Bärenjäger da unter dem Dach herumläuft und Kaninchen jagt?! Auf der ganzen Welt gibt es keinen glücklicheren Schützen als diesen alten Knaben, wenn er sich da drin in der Rumpelkammer herumtummeln kann. Die vier oder fünf vertrockneten Weihnachtsbäume, die er sich aufgehoben hat, die sind für ihn dasselbe wie der ganze, große, frische Höjdalswald. Der Hahn und die Hühner sind Auerhähne und -hennen in den Föhrenwipfeln; und die Kaninchen, die den Boden lang hupfen, das sind die Bären, mit denen er anbindet, der kühne Freiluftgreis.

Gregers. Ja, der unglückliche, alte Leutnant; er hat viel von den Idealen seiner Jugend herunterlassen müssen.

Relling. Ehe ich es vergesse, Herr Werle junior, – gebrauchen Sie doch nicht das Fremdwort: Ideale. Wir haben ja das gute deutsche Wort: Lügen.

Gregers. Meinen Sie, die beiden Dinge sind miteinander verwandt?

Relling. Ja, ungefähr wie Typhus und Faulfieber.

Gregers. Herr Doktor, ich ruhe nicht, bis ich Hjalmar aus Ihren Klauen gerettet habe.

Relling. Das wäre für ihn das größte Unglück. Nehmen Sie einem Durchschnittsmenschen die Lebenslüge, und Sie nehmen ihm zu gleicher Zeit das Glück. *Zu Hedwig, die aus dem Wohnzimmer kommt.* Na, kleine Wildentenmutter, jetzt will ich hinunter und sehen, ob Vater noch daliegt und über die merkwürdige Erfindung brütet.

Ab durch die Flurtür.

Gregers *nähert sich Hedwig.* Ich sehe Ihnen an, es ist noch nicht vollbracht.

Hedwig. Was? Ach, die Sache mit der Wildente. Nein.

Gregers. Kann es mir denken – die Seelenkraft ließ Sie im Stich, als es in die Tat umgesetzt werden sollte.

Hedwig. Nein, *das* ist es garnicht. Aber als ich heute früh aufwachte und an das dachte, worüber wir geredet hatten, da kam es mir so wunderlich vor.

Gregers. Wunderlich?

Hedwig. Ja, ich weiß nicht –. Gestern, im ersten Augenblick, schien mir etwas so Wunderschönes darin zu sein; aber nachdem ich geschlafen hatte, und wie es mir wieder einfiel, da kam es mir nicht als was Besonderes vor.

Gregers. Nun ja; wie hätten Sie hier denn auch aufwachsen können, ohne daß Sie innerlich etwas eingebüßt hätten!

Hedwig. Das ist mir alles gleich; wenn nur Vater heraufkommt –

Gregers. Ach, hätten Sie nur ein offenes Auge für das, was dem Leben seinen Wert gibt, – hätten Sie den echten, frohen Opfermut, dann würden Sie sehen, wie er zu Ihnen heraufkommt. – Aber noch glaube ich an Sie, Hedwig.

Ab durch die Flurtür.

Hedwig geht auf und ab; dann will sie hinaus in die Küche; in demselben Augenblick klopft es von innen an die Bodentür; Hedwig geht hin und öffnet ein wenig; der **alte Ekdal** *kommt heraus; sie schiebt die Tür wieder zu.*

Ekdal. Hm, es ist ein mäßiger Genuß, so allein spazieren zu gehen.

Hedwig. Hättest Du nicht Lust, auf Jagd zu gehen, Großvater?

Ekdal. Es ist kein Jagdwetter heut. Viel zu dunkel. Man kann kaum die Hand vor Augen sehen.

Hedwig. Hast Du nicht einmal Lust, auf etwas andres als auf Kaninchen zu schießen?

Ekdal. Die Kaninchen, die sind wohl vielleicht nicht gut genug?

Hedwig. Ja, aber erst die Wildente?

Ekdal. Ho – ho! Bist Du bange, daß ich Dir die Wildente totschieße? In meinem Leben nicht, Du. In meinem Leben nicht.

Hedwig. Nein, Du könntest es wohl auch nicht; denn es soll schwer sein, Wildenten zu schießen.

Ekdal. Könnte es nicht? Nun ob ich das kann!

Hedwig. Wie würdest Du es denn anfangen, Großvater – ich meine ja nicht bei *meiner* Wildente, sondern bei anderen?

Ekdal. Würde sehen, sie unter die Brust zu treffen, verstehst Du; denn das ist das sicherste. Und dann muß man *gegen* das Gefieder schießen, siehst Du, – nicht *mit* dem Gefieder.

Hedwig. Sterben sie dann, Großvater?

Ekdal. Natürlich sterben sie – wenn man richtig schießt. Na; muß wohl hinein und mich fein machen. Hm – weiß schon – hm.

Ab in sein Zimmer.

Hedwig *wartet ein wenig, blickt verstohlen zur Stubentür, geht an das Regal, stellt sich auf die Zehen, nimmt die doppelläufige Pistole vom Brett und betrachtet sie.*

***Gina** mit Staubbesen und Wischtuch kommt aus der Wohnstube. Hedwig legt die Pistole schnell und unbemerkt weg.*

Gina. Steh nicht da und kram' in Vaters Sachen, Hedwig.

Hedwig *geht vom Regal weg*. Ich wollte bloß ein bißchen aufräumen.

Gina. Geh lieber in die Küche und sieh nach, ob der Kaffie warm bleibt; ich will das Brett mitnehmen, wenn ich zu ihm hinunter gehe.

*Hedwig ab. Gina beginnt im Atelier zu fegen und rein zu machen. Nach einer Weile wird die Flurtür zögernd geöffnet, und **Hjalmar** sieht herein; er hat den Überzieher an, ist jedoch ohne Hut, ungewaschen, und sein Haar ist zerzaust und ungekämmt; die Augen sind blöde und matt.*

Gina *bleibt stehen, den Besen in der Hand, und sieht ihn an*. Herrjeh, Ekdal, – kommst Du doch?

Hjalmar *tritt ein und antwortet mit dumpfer Stimme*: Ich komme – um gleich wieder zu verschwinden.

Gina. Na ja; kann mir es wohl denken. Aber Herrgott, – wie siehst Du denn aus!

Hjalmar. Wie ich aussehe?

Gina. Und nun erst Dein feiner Winterüberzieher! Na, der hat schön was abgekriegt.

Hedwig *in der Küchentür*. Mutter, soll ich –? *Sieht Hjalmar, schreit laut auf vor Freude, läuft zu ihm.* Ach Vater, Vater!

Hjalmar *wendet sich weg und wehrt mit der Hand ab*. Weg, weg, weg! *Zu Gina.* Schaff sie mir weg, sage ich!

Gina *halblaut*. Geh in die Wohnstube, Hedwig.

Hedwig geht still hinein.

Hjalmar *geschäftig, zieht die Tischschublade aus*. Ich muß meine Bücher mithaben. Wo sind meine Bücher?

Gina. Was für Bücher?

Hjalmar. Meine wissenschaftlichen Werke, natürlich, – die technischen Zeitschriften, die ich für die Erfindung brauche.

Gina *sucht auf dem Bücherbrett*. Sind's die hier, wo keine Deckels dran sind?

Hjalmar. Ja, gewiß.

Gina *legt einen Stoß Hefte auf den Tisch*. Soll Hedwig sie Dir nicht aufschneiden?

Hjalmar. Brauche kein Aufschneiden.

Kurze Pause.

Gina. Es bleibt also dabei, daß Du von uns wegziehst, Ekdal?

Hjalmar *stöbert zwischen den Büchern*. Das versteht sich doch, meine ich, ganz von selbst.

Gina. Na ja.

Hjalmar *heftig*. Ich kann mir doch nicht jeden Tag, Stunde für Stunde, einen Stich ins Herz versetzen lassen!

Gina. Gott verzeih' Dir, daß Du so etwas Abscheuliches von mir glauben kannst.

Hjalmar. Beweise mir –!

Gina. Mir scheint, *Du* solltest beweisen.

Hjalmar. Bei einer Vergangenheit wie der Deinen? Es gibt gewisse Ansprüche –; ich fühle mich versucht, sie ideale Ansprüche zu nennen –

Gina. Und Großvater? Was soll aus dem armen Kerl werden?

Hjalmar. Ich kenne meine Pflicht; der Hilflose geht mit mir. Ich will in die Stadt und Anstalten treffen –. Hm. – *Zögernd.* Hat keiner meinen Hut auf der Treppe gefunden?

Gina. Nein. Hast Du den Hut verloren?

Hjalmar. Ich hatte ihn natürlich auf, als ich nachts nach Hause kam; das ist zweifellos; aber heut konnte ich ihn nicht finden.

Gina. Herrjeh, wo bist Du denn bloß gewesen mit den beiden Bummelfritzen?

Hjalmar. Ach, frag' doch nicht nach so unwesentlichen Dingen. Glaubst Du, ich bin in der Stimmung, mich an Einzelheiten zu erinnern?

Gina. Wenn Du Dich nur nicht erkältet hast, Ekdal!

Ab in die Küche.

Hjalmar *spricht halblaut und erbittert mit sich selbst, während er die Schublade leert*: Du bist ein Schurke, Relling! – Ein Spitzbube bist Du! – Ah, niederträchtiger Verführer! – Wüßt' ich doch nur wen, der Dich meuchelte.

Er legt einige alte Briefe beiseite; findet das zerrissene Schriftstück vom vorhergehenden Tage, nimmt es und betrachtet die Stücke; legt sie hastig beiseite, als Gina kommt.

Gina *stellt ein vollbesetztes Kaffeebrett auf den Tisch*. Hier ist ein Schluck Warmes, wenn Du Appetit hast. Und auch Butterbrote und ein Stückchen Pökelfleisch.

Hjalmar *blickt verstohlen nach dem Kaffeebrett*. Pökelfleisch? Unter diesem Dache nimmermehr! Freilich habe ich seit fast vierundzwanzig Stunden keine konsistente Nahrung zu mir genommen; aber das ist egal. – Meine Aufzeichnungen! Meine angefangenen Lebenserinnerungen! Wo finde ich mein Tagebuch und meine wichtigen Papiere? *Öffnet die Tür der Wohnstube, prallt aber zurück*. Da ist sie schon wieder.

Gina. Ja, du lieber Gott, irgendwo muß das Kind doch sein.

Hjalmar. Geh heraus.

Er macht Platz. Hedwig kommt verschüchtert ins Atelier.

Hjalmar *mit der Hand auf der Türklinke, sagt zu Gina*: Während der letzten Augenblicke, die ich in meinem früheren Heim zubringe, wünsche ich von fremden Personen verschont zu bleiben –

Geht in die Stube.

Hedwig *mit einem Satze auf ihre Mutter zu, fragt leise und bebend*: Meint er mich?

Gina. Bleib in der Küche, Hedwig, oder nein, – geh lieber auf Deine eigene Kammer. *Spricht zu Hjalmar, während sie zu ihm hineingeht:* Wart' mal, Ekdal; wühl' nicht so in der Kommode herum; ich weiß, wo alles Zeugs liegt.

Hedwig *steht einen Augenblick unbeweglich in Angst und Ratlosigkeit; sie beißt die Lippen zusammen, um die Tränen hinunterzuwürgen, dann ballt sie krampfhaft die Hände und sagt leise:* Die Wildente!

Sie schleicht zum Regal und nimmt die Pistole herunter, öffnet die Bodentür ein wenig, schlüpft hinein und zieht die Tür hinter sich zu.

***Hjalmar** und **Gina** fangen im Wohnzimmer einen Wortwechsel an.*

Hjalmar *kommt mit Schreibheften und alten losen Papieren, die er auf den Tisch legt*. Wie soll denn der Reisesack ausreichen! Ich muß ja doch tausenderlei Dinge mitschleppen!

Gina *kommt hinterher mit dem Reisesack*. Dann laß doch all das andere derweile liegen, und nimm bloß ein Hemd und ein paar Unterhosen mit.

Hjalmar. Puh, – diese anstrengenden Vorbereitungen –! *Legt den Überzieher ab und wirft ihn aufs Sofa.*

Gina. Und der Kaffee, der steht nun auch da und wird kalt.

Hjalmar. Hm –. *Trinkt unwillkürlich einen Schluck und dann noch einen.*

Gina *wischt die Stuhllehnen ab*. Das Schwerste wird wohl für Dich sein, so einen großen Boden für die Kaninchen zu finden.

Hjalmar. Was? Die Kaninchen, die soll ich auch alle mitschleppen?

Gina. Ja, der Alte kann doch nicht ohne Kaninchen sein, meine ich.

Hjalmar. Daran wird er sich wohl gewöhnen müssen. Es gibt höhere Lebensgüter, auf die *ich* verzichten muß, als Kaninchen.

Gina *stäubt das Regal ab.* Soll ich Dir die Flöte in den Reisesack tun?

Hjalmar. Nein. Keine Flöte. Aber gib mir die Pistole.

Gina. Die Pistole willst Du mitnehmen?

Hjalmar. Ja. Meine geladene Pistole.

Gina *sucht sie.* Die ist weg. Er muß sie mit hineingenommen haben.

Hjalmar. Ist er auf dem Boden?

Gina. Wahrscheinlich doch.

Hjalmar. Hm, – der einsame Greis.

Er nimmt ein Stück Butterbrot, ißt es und trinkt die Tasse aus.

Gina. Hätten wir nun die Stube nicht vermietet, so könntest Du da hineinziehen.

Hjalmar. Ich sollte unter *einem* Dach wohnen bleiben mit –! Nimmer-, nimmermehr!

Gina. Aber könntest Du denn nicht für einen Tag oder zwei in die Wohnstube ziehen? Da wärest Du doch ganz für Dich.

Hjalmar. Heraus aus diesen Mauern!

Gina. Na, wie wär's denn unten bei Relling und Molvik?

Hjalmar. Nenn mir nicht die Namen dieser Menschen! Mir vergeht der Appetit, wenn ich bloß an sie denke. – Ach nein, ich muß hinaus in Sturm und Schneewetter, – muß von Haus zu Haus gehen und ein Obdach suchen für Vater und mich.

Gina. Aber Du hast ja keinen Hut, Ekdal! Du hast den Hut ja verloren.

Hjalmar. O Ihr Schubijacke, – Ihr Lotterbuben. Ein Hut muß herbei. *Nimmt ein zweites Stück Butterbrot.* Das muß besorgt werden. Denn ich habe wirklich keine Lust, auch noch mein Leben dranzusetzen.

Sucht etwas auf dem Frühstücksbrett.

Gina. Was suchst Du denn?

Hjalmar. Butter.

Gina. Soll gleich da sein.

Geht in die Küche.

Hjalmar *ruft ihr nach*: Ach, ist nicht nötig; ich kann das Brot auch trocken essen.

Gina *bringt eine Butterdose*. Sieh mal – frisch gebuttert!

Sie schenkt ihm eine frische Tasse Kaffee ein; er setzt sich aufs Sofa, streicht noch mehr Butter aufs Butterbrot, ißt und trinkt eine Weile schweigend.

Hjalmar. Könnte ich wohl, ohne von jemand – wer es auch immer sei – behelligt zu werden, – einen Tag oder zwei da drin in der Stube wohnen?

Gina. Gewiß könntest Du das, wenn Du nur wolltest.

Hjalmar. Denn ich sehe gar keine Möglichkeit, Vaters ganze Sachen in solcher Geschwindigkeit wegzukriegen.

Gina. Und dann, – Du mußt ihm ja doch auch erst noch sagen, daß Du nicht länger mang uns leben willst.

Hjalmar *schiebt die Kaffeetasse weg*. Auch das, jawohl; diese ganzen verwickelten Verhältnisse von neuem durchkauen zu müssen –. Ich muß es mir überlegen; ich muß erst verpusten; alle die Lasten kann ich nicht an einem einzigen Tage tragen.

Gina. Nein, und noch dazu bei so einem Sauwetter wie das draußen.

Hjalmar *nimmt Werles Brief*. Ich sehe, das Papier, das treibt sich hier noch immer herum.

Gina. *Ich* hab's nicht angerührt.

Hjalmar. *Mich* geht der Lappen ja nichts an –

Gina. Na, ich habe wahrhaftig nicht die Absicht, davon zu profetieren.

Hjalmar. – aber es ist auch nicht gerade nötig, daß er in Fetzen geht; – in der Unordnung meines Umzugs könnte er leicht –

Gina. Ich werde schon aufpassen, Ekdal.

Hjalmar. Der Schenkungsbrief gehört doch in erster Linie Vater; und es ist seine Sache, ob er Gebrauch davon machen will.

Gina *seufzt*. Ja, der arme, alte Vater –

Hjalmar. Der Sicherheit halber –. Wo finde ich etwas Kleister?

Gina *geht ans Regal*. Da steht der Kleistertopf.

Hjalmar. Und einen Pinsel?

Gina. Hier ist auch der Pinsel. *Bringt ihm die Sachen.*

Hjalmar *nimmt eine Schere*. Nur einen Streifen Papier auf die Rückseite –. *Schneidet und kleistert.* Fern sei es von mir, mich an fremdem Eigentum zu vergreifen, – und am allerwenigsten an dem eines bedürftigen Greises. Na, und an dem – anderer auch nicht. – So. Laß es vorläufig da liegen. Und wenn es trocken ist, so tu es weg. Ich will das Aktenstück nie mehr vor Augen sehen. Nie mehr!

Gregers tritt vom Flur her ein.

Gregers *ein wenig verwundert*. Was, – Du sitzt hier, Hjalmar?

Hjalmar *steht rasch auf*. Ich war vor Erschöpfung umgesunken.

Gregers. Du hast doch gefrühstückt, wie ich sehe.

Hjalmar. Auch der Körper fordert zuweilen sein Recht.

Gregers. Wozu bist Du nun entschlossen?

Hjalmar. Für einen Mann wie mich gibt es nur *einen* Weg. Ich bin im Begriff, meine nötigsten Sachen zusammenzuraffen. Aber Du wirst begreifen, – dazu gehört Zeit.

Gina *etwas ungeduldig*. Soll ich Dir nun die Stube in Ordnung bringen oder soll ich den Reisesack packen?

Hjalmar *nach einem ärgerlichen Seitenblick auf Gregers*. Packe, – und bring in Ordnung.

Gina *nimmt den Reisesack*. Na ja; so tue ich also das Hemd und das andere hinein. *Geht in die Wohnstube und zieht die Tür hinter sich zu.*

Gregers *nach kurzer Pause*. Nie hätte ich gedacht, daß es *so* enden würde. Liegt denn wirklich für Dich eine Notwendigkeit vor, Haus und Herd zu verlassen?

Hjalmar *geht unruhig umher*. Was, meinst Du denn, soll ich tun? – Ich bin nicht dazu veranlagt, unglücklich zu sein, Gregers. Um mich her muß alles schön und ruhig und friedlich sein.

Gregers. Aber das kann es ja doch! Versuch' es nur einmal. Mir scheint, hier ist jetzt fester Baugrund, – fang von vorn an. Und vergiß nicht, daß Du ja doch auch für die Erfindung zu leben hast.

Hjalmar. Ach sprich mir nicht von der Erfindung. Mit der hat es noch gute Weile.

Gregers. So?

Hjalmar. Ja, du lieber Gott, was in aller Welt soll ich denn erfinden? Die anderen haben ja doch das meiste schon vorher erfunden. Es wird von Tag zu Tag schwerer –

Gregers. Und Du hast doch so viel Arbeit darauf verwendet!

Hjalmar. Dieser Liederjan, der Relling war es, der mich dazu veranlaßt hat.

Gregers. Relling?

Hjalmar. Ja, der war es, der mich zuerst auf mein Talent für irgend eine bedeutsame photographische Erfindung aufmerksam machte.

Gregers. Aha, – das war Relling!

Hjalmar. Ach, ich bin so von Herzen glücklich darüber gewesen. Nicht so sehr wegen der Erfindung selbst, als weil Hedwig an sie glaubte, – an sie glaubte mit der ganzen Macht und Kraft ihrer Kinderseele. – Ja, das heißt – ich Narr habe mir immer eingebildet, daß sie daran glaubte!

Gregers. Hältst Du es wirklich für denkbar, daß Hedwig falsch gegen Dich gewesen ist?

Hjalmar. Jetzt halte ich alles für denkbar, was immer es sei! *Hedwig* steht im Wege. Sie wird mir die Sonne verdrängen aus meinem ganzen Leben.

Gregers. Hedwig! *Hedwig* meinst Du? Wie sollte *sie* Dir die Sonne verdrängen können?

Hjalmar *ohne zu antworten*. Wie unsagbar lieb habe ich das Kind gehabt! Wie unsagbar glücklich fühlte ich mich jedesmal, wenn ich heimkehrte in meine dürftige Stube, und sie mir mit ihren süßen, leis zwinkernden Augen entgegenflog. O ich argloser Tor! Ich liebte sie so namenlos; – und da dichtete und träumte ich mich in den Wahn hinein, daß auch sie mich namenlos wiederliebe.

Gregers. Und Du meinst, das wäre nur ein Wahn gewesen!

Hjalmar. Wie kann ich das wissen? Aus Gina kann ich ja nichts herausbringen. Und außerdem fehlt ihr ja doch jeder Sinn für die ideale Seite der Wirrungen. Aber ich fühle das Bedürfnis, mich *Dir* anzuvertrauen, Gregers. Dieser furchtbare Zweifel –; vielleicht hat Hedwig mich nie so recht von Herzen lieb gehabt.

Gregers. Dafür könntest Du möglicherweise einen Beweis erhalten. *Horcht auf.* Was ist das? Ich glaube, die Wildente schreit.

Hjalmar. Die Wildente schnattert. Vater ist auf dem Boden.

Gregers. So? *Strahlt vor Freude.* Ich sage, Du könntest unter Umständen einen Beweis dafür erhalten, daß die arme, verkannte Hedwig Dich lieb hat!

Hjalmar. Ach, was für einen Beweis kann sie mir geben! Ich darf an keine Versicherung von der Seite glauben.

Gregers. An Hedwig ist ganz gewiß kein Falsch.

Hjalmar. Ach, Gregers, gerade *das* ist nicht so sicher. Wer weiß, was Gina und diese Frau Sörby sich hier zuweilen ins Ohr gezischelt und getuschelt haben mögen? Und Hedwig, die hat feine Ohren. Vielleicht ist die Schenkung nicht einmal so unerwartet gekommen. Ich glaube so etwas gemerkt zu haben.

Gregers. Was für ein Geist ist denn in Dich gefahren!

Hjalmar. Mir sind die Augen aufgegangen. Paß nur auf; – Du wirst sehen, die Schenkung ist nur der Anfang. Frau Sörby hat immer für Hedwig so viel übrig gehabt; und jetzt steht es ja in ihrer Macht, für das Kind alles Erdenkliche zu tun. Sie können sie mir zu jeder Zeit und Stunde nehmen, wenn sie Lust haben.

Gregers. Hedwig verläßt Dich nun und nimmermehr.

Hjalmar. Halte das nur nicht für ausgemacht. Wenn *die* dastehen und ihr mit vollen Händen winken –? Ach, und ich habe sie doch so unsagbar geliebt! Ich habe doch mein höchstes Glück darin gefunden, sie behutsam an der Hand zu nehmen und sie zu leiten, wie man ein Kind, das sich im Dunkeln fürchtet, durch einen großen, öden Raum geleitet! – Jetzt fühle ich es mit der Qual der Gewißheit, – der arme Photograph im Dachstübchen ist ihr niemals wirklich und wahrhaftig etwas gewesen. Sie hat nur listig sich bemüht, so lange mit ihm auf gutem Fuße zu stehen, bis die Zeit gekommen wäre.

Gregers. Das glaubst Du ja selber nicht, Hjalmar.

Hjalmar. Das ist ja eben das Gräßliche, daß ich nicht weiß, was ich glauben soll, – daß ich es nie wissen werde. Aber kannst Du denn wirklich zweifeln, daß es sein muß, wie ich sage? Hoho! Du baust zu stark auf die ideale Forderung, mein guter Gregers! Wenn die anderen kämen – die mit den vollen Händen – und dem Kinde zuriefen: verlaß ihn – bei uns wartet Deiner das Leben –

Gregers *schnell*. Ja, und was dann –?

Hjalmar. Wenn ich sie dann fragte: Hedwig, bist Du bereit, das Leben für mich zu lassen? *Lacht spöttisch*. Ja, prost Mahlzeit – Du würdest schon hören, was für eine Antwort ich bekäme. *Man hört einen Schuß fallen auf dem Boden.*

Gregers *laut vor Freude*. Hjalmar!

Hjalmar. So; nun geht er auch noch auf die Jagd.

Gina *tritt ein*. Ujeh, Hjalmar, ich glaube gar, der Alte donnert da allein auf dem Boden herum.

Hjalmar. Ich will doch gleich sehen –

Gregers *lebhaft, ergriffen*. Einen Augenblick! Weißt Du, was das war?

Hjalmar. Natürlich weiß ich es.

Gregers. Nein, Du weißt es nicht. Aber *ich* weiß es. Es war der Beweis!

Hjalmar. Was für ein Beweis?

Gregers. Es war eine kindliche Opfertat. Sie hat Deinen Vater bewogen, die Wildente zu schießen.

Hjalmar. Die Wildente zu schießen!

Gina. Denk einer an –!

Hjalmar. Zu welchem Zweck?

Gregers. Sie wollte Dir das Beste opfern, was sie auf der Welt hat; denn sie meinte, dann müßtest Du sie wieder lieb haben.

Hjalmar *weich, bewegt*. Ach, das Kind!

Gina. Ja, auf was *die* nicht alles verfällt!

Gregers. Sie wollte nur Deine Liebe wieder haben, Hjalmar; ohne die meinte sie nicht leben zu können.

Gina *kämpft mit den Tränen*. Nun siehst Du es selbst, Ekdal.

Hjalmar. Gina, wo *ist* sie denn?

Gina *schluchzend*. Das arme Ding, – sie wird wohl draußen in der Küche sitzen.

Hjalmar *geht hin, reißt die Küchentür auf und sagt*: Hedwig, – komm! Komm herein zu mir. *Sieht sich um*. Nein, hier ist sie nicht.

Gina. Dann wird sie auf ihrem Kämmerchen sein.

Hjalmar *draußen*. Nein, da ist sie auch nicht. *Kommt herein*. Sie muß ausgegangen sein.

Gina. Ja, Du wolltest sie ja nirgendswo im Hause dulden.

Hjalmar. Ach, käme sie doch nur bald nach Hause, – so daß ich es ihr recht ordentlich sagen kann. – Jetzt wird alles gut, Gregers; denn jetzt können wir, glaube ich, ein neues Leben beginnen.

Gregers *leise*. Ich wußte es ja; durch das Kind würde die Wiederaufrichtung kommen.

Der ***alte Ekdal*** *tritt in die Tür seines Zimmers; er ist in voller Uniform und damit beschäftigt, seinen Säbel umzuschnallen.*

Hjalmar *erstaunt*. Vater! Da bist Du?!

Gina. Vater, haben Sie auf Ihrer Kammer geschossen?

Ekdal, *entrüstet, tritt näher*. So, Hjalmar? Du, Du gehst also allein auf die Jagd?

Hjalmar *gespannt, verwirrt*. Du warst es also nicht, der auf dem Boden geschossen hat?

Ekdal. Ich geschossen? Hm!

Gregers *ruft Hjalmar zu*: Du! Sie hat die Wildente selbst geschossen!

Hjalmar. Was soll das heißen?! *Eilt an die Bodentür, reißt sie zur Seite, sieht hinein und schreit laut:* Hedwig!

Gina *läuft an die Tür*. Jesus! Was ist das?

Hjalmar *geht hinein*. Sie liegt auf der Erde!

Gregers. Auf der Erde?! *Hinein zu Hjalmar.*

Gina *zugleich*. Hedwig! *Drin auf dem Boden.* Nein, nein, nein!

Ekdal. Hoho, – sie geht auch auf die Jägerei?

Hjalmar, Gina und Gregers schleppen Hedwig ins Atelier; in der herabhängenden Hand hält sie die Pistole zwischen den Fingern festgeklemmt.

Hjalmar *verstört*. Die Pistole ist losgegangen. Hedwig hat sich selbst getroffen. Ruft um Hilfe! – Hilfe!

Gina *läuft auf den Flur hinaus und ruft hinunter*: Relling! Relling! Herr Doktor Relling; machen Sie, kommen Sie herauf so rasch wie möglich!

Hjalmar und Gregers legen Hedwig aufs Sofa.

Ekdal *leise*. Der Wald rächt sich.

Hjalmar *neben ihr auf den Knien*. Nun kommt sie bald wieder zu sich. Nun kommt sie zu sich –; ja, ja, ja.

Gina, *die wieder hereingekommen ist*. Wo hat sie sich getroffen? Ich kann gar nichts sehen – –

***Relling** kommt eilig, und gleich nach ihm **Molvik**; letzterer ohne Weste und Halstuch, mit offenem Rock.*

Relling. Was ist denn hier los?

Gina. Sie sagen, Hedwig hat auf sich geschossen.

Hjalmar. Komm her und hilf!

Relling. Auf sich geschossen! *Rückt den Tisch beiseite und beginnt sie zu untersuchen.*

Hjalmar *liegt noch immer auf den Knien und sieht angstvoll zu ihm auf.* Es kann doch nicht gefährlich sein? Was, Relling? Sie blutet ja fast gar nicht. Es kann doch nicht gefährlich sein?

Relling. Wie ist das zugegangen?

Hjalmar. Ach, was weiß ich –!

Gina. Sie wollte die Wildente schießen.

Relling. Die Wildente?

Hjalmar. Die Pistole muß losgegangen sein.

Relling. Hm. Ja so.

Ekdal. Der Wald rächt sich. Aber bange bin ich doch nicht. *Geht auf den Boden und schließt die Tür hinter sich.*

Hjalmar. Na, Relling, – warum sagst Du nichts?

Relling. Die Kugel ist in die Brust gegangen!

Hjalmar. Ja, aber Hedwig kommt doch zu sich?

Relling. Du siehst doch, daß sie nicht mehr lebt.

Gina *bricht in Tränen aus.* O, das Kind! Das Kind!

Gregers *mit heiserer Stimme.* Auf dem Meeresgrund –

Hjalmar *springt auf.* Doch, doch, sie *muß* leben! Ach, ich will es Dir auf den Knien danken, Relling, – nur einen einzigen Augenblick, – nur so lange, bis ich ihr gesagt habe, wie namenlos lieb ich sie in all der Zeit gehabt habe.

Relling. Ins Herz getroffen. Innere Verblutung. Sie war auf der Stelle tot.

Hjalmar. Und ich, ich habe sie wie ein Tier weggejagt! Und da kroch sie eingeschüchtert hinein auf den Boden und ging aus Liebe zu mir in den Tod. *Schluchzend.* Es nie wieder gutmachen zu können! Ihr nicht mehr sagen zu können –! *Ballt die Fäuste und schreit nach oben:* O, du da oben –! – *Wenn* du da *bist*! Warum hast du mir das getan!

Gina. Nicht doch, nicht doch! Vermeß Dir nicht so was Gräßliches. Wir hatten wohl nicht das Recht, sie zu behalten, denke ich mir.

Molvig. Das Kind ist nicht tot; es schläft.

Relling. Quatsch!

Hjalmar *schweigt, geht an das Sofa und blickt mit gekreuzten Armen auf Hedwig*. Wie sie daliegt, starr und still!

Relling *sucht die Pistole zu entfernen*. Sie sitzt so fest, so fest.

Gina. Nicht doch, nicht, Relling, – brechen Sie dem Kind nicht die Finger kaput. Lassen Sie die Pikstole sitzen.

Hjalmar. Sie soll sie mithaben.

Gina. Ja, laß sie ihr. Aber das Kind soll nicht hier liegen und paradieren. Sie soll auf ihre eigene Kammer; das soll sie. Faß an, Ekdal.

Gina und Hjalmar nehmen Hedwig zwischen sich.

Hjalmar, *während sie tragen*. Ach Gina, Gina, hältst Du das aus?!

Gina. Einer muß dem andern helfen. Denn *jetzt*, meine ich, gehört sie uns doch zu: Dir zur Hälfte und mir zur Hälfte.

Molvig *streckt die Arme aus und murmelt*: Gelobt sei der Herr; zu Staube sollst du werden; zu Staube sollst du werden –

Relling *flüstert*: Halt's Maul, Mensch; Du bist ja besoffen.

Gina und Hjalmar tragen die Leiche durch die Küchentür hinaus. Relling macht hinter ihnen zu. Molvik schleicht sich auf den Flur hinaus.

Relling *geht zu Gregers und sagt*: Das lasse ich mir doch von keinem aufbinden, daß das ein Fehlschuß gewesen ist.

Gregers, *der schreckensstarr gestanden, in krampfhaften Zuckungen*. Niemand kann sagen, wie das Entsetzliche geschehen ist.

Relling. Die Ladung hat die Taille versengt. Hedwig muß die Pistole direkt gegen die Brust gedrückt und dann abgefeuert haben.

Gregers. Sie ist nicht vergebens gestorben. Haben Sie gesehen, wie der Schmerz das Erhabene in ihm frei machte?

Relling. Erhaben werden die meisten, wenn sie in Trauer an einer Leiche stehen. Aber wie lange, glauben Sie, wird die Herrlichkeit bei ihm währen?

Gregers. Sollte sie nicht währen und wachsen mit seinem Leben?

Relling. Keine dreiviertel Jahr, und klein Hedwig ist für ihn nichts anderes als ein schönes Deklamationsthema.

Gregers. Und das unterstehen Sie sich von Hjalmar Ekdal zu sagen!

Relling. Wir wollen uns wieder sprechen, wenn das erste Gras auf ihrem Grabe verdorrt ist. Dann können Sie ihn geschwollen reden hören „von dem Kinde, das dem Vaterherzen zu früh entrissen ist“; dann sollen Sie einmal sehen, wie er sich einwickelt in Rührung und in Selbstbewunderung und in Mitleid mit sich selbst. Passen Sie nur auf!

Gregers. Wenn *Sie* recht haben, und *ich* habe unrecht, dann ist das Leben nicht wert gelebt zu werden.

Relling. Ach, das Leben könnte doch noch ganz schön sein, wenn wir nur Frieden hätten vor diesen famosen Gläubigern, die uns armen Leuten das Haus einlaufen mit der idealen Forderung.

Gregers *sieht vor sich hin.* Wenn das so ist, dann bin ich nur froh, daß *ich* nun einmal meine Bestimmung habe.

Relling. Mit Verlaub, – was ist denn Ihre Bestimmung?

Gregers *im Begriff zu gehen.* Der Dreizehnte bei Tisch zu sein.

Relling. Ach, das glaube der Teufel.